I0693794

LOMA MIRANDA
Defensa de su preservación y carta de
Juan Pablo Duarte

LOMA MIRANDA

Defensa de su preservación y carta de
Juan Pablo Duarte

"Protección a Loma Miranda es protección a la vida"

María Faustina Fernández de Rodríguez

LOMA MIRANDA
Defensa de su preservación y carta de Juan Pablo Duarte
© María Faustina Fernández de Rodríguez

Segunda edición
© 2023

© De esta edición:
LACUHE Ediciones
Correo electrónico: edicioneslacuhe22@gmail.com
Teléfono: 1 (347) 993-4218
Web site: www.lacuhe.com

Cuidado de editorial: Luis Ledesma

CONTACTO:
María Faustina Fernández de Rodríguez
Teléfono 1 (829) 686-5730
Correo-e: mariaffernandezh@icloud.com

©Todos los Derechos Reservados

Queda rigurosamente prohibida, bajo las sanciones establecidas en las leyes, la reproducción total o parcial de esta obra en su modo y contenido (incluyendo el diseño tipográfico y de portada), sea cual fuere el medio o procedimiento: electrónico, mecánico, químico, grabación u otros, sin el consentimiento previo y por escrito del autor. La infracción de dichos derechos puede constituir un delito contra la propiedad intelectual.

Tabla de contenidos:

8

LOMA MIRANDA, Defensa de su preservación y carta de Juan Pablo Duarte

JUSTIFICACIÓN DE LA CARTA

En cualquier lugar, pueblo o país del mundo donde se encuentre un ser humano con habilidad de pensar y la capacidad de razonar, está en el deber de afianzar a los adeptos y concienciar a los promotores del daño ambiental y ecológico, que algunas autoridades de la República Dominicana provoca con la explotación de Loma Miranda.

Ubicada en la Cordillera Central a una distancia de 17 kilómetros del municipio de La Vega, muy cerca de la provincia Monseñor Nouel. Donde iniciaron con la mayor destrucción de los recursos naturales que caracterizan las comunidades de: El Pinito, Pontón, Loma Ortega y las 7s, con más de 20 años en el ejercicio de la explotación y la deforestación indiscriminada de la zona, hoy no hay forma para demandar a los autores materiales y ponerlos en la acción de la justicia para que paguen los daños irreparables ocasionados.

Desde entonces no he vuelto a tener paz porque no hay manera de compensar y reestructurar el deterioro ocasionado; gradezco a la Academia de Ciencias como a otros organismos institucionales que han seguido paso a paso la lucha, y a los derechos humanos y a otras entidades similares que están luchando a vida o muerte para preservar la única célula viviente de los sátrapas.

Por igual llega mi agradecimiento a grupos, movimientos, sindicatos, universidades y a todas las regiones del país que están luchando día a día, sin dar su brazo a torcer, sin simulación, con valentía, uniendo fuerzas para lograr su objetivo, el cual es, que se declare a Loma Miranda como parque nacional.

Estoy preocupado por lo que está pasando en estos momentos

en nuestro país con la ley 64-00, se están violando sus disposiciones, y se están burlando de los dominicanos, esta ley fue creada para la prevención regulación y el control de cualquiera de las causas o actividades que causen deterioro al medio ambiente como: contaminación de los ecosistemas, la degradación, alteración, destrucción del patrimonio natural y cultural.

Hay que velar para que los recursos mineros se realicen sin causar daños irreparables al medio ambiente y a la salud humana, así como garantizar la restauración del territorio ecológico y la compensación por daños ecológicos causados por la actividad minera.

Entiendo que el objetivo principal de esta ley, consiste en que todos y cada uno de los ciudadanos están obligados a cumplir y hacer cumplir esta ley, para proteger y cuidar el medio ambiente. Son muchas las actividades realizadas de protestas, y los proyectos sometidos al Congreso Nacional, entre los cuales están: el proyecto aprobado por la Cámara de Diputados de la República Dominicana, una comisión especial del Senado que estudiaba el proyecto, y presentó su informe donde se declaraba parque nacional.

Y aluden que el señor presidente Danilo Medina también dijo que el caso está cerrado, Loma Miranda es área protegida, y siguen los conflictos porque no se toma una decisión para acabar con este desastre.

No se puede perder la esperanza por los daños ocasionados en:

Las lomas de Guaigüí.
Loma de Guaco.
Loma de Ortega.
La 7s, y las depredaciones del río Camú, que destruyeron su

capa freática con la extracción de materiales pesados que mantenían el flujo de la corriente de agua en su cauce con la mina de placer, Camú no tiene vida, es un calentamiento global, y todavía siguen los camiones sacando materiales en toda su geografía, ya que desde la época de la colonización Camú ha sido siempre una mina de oro, y todavía queda oro sepultado en la Riviera, Guaigüí, San Antonio, Bayacanes, etc.

Estamos presenciando los hechos ocurridos en la colonización de los españoles en la isla de Santo Domingo en el año 1492, es muy tedioso saber que a los 60 años de la presencia de los españoles en la isla, había desaparecido la especie de raza indígena según el censo realizado por Ovando.

Es mucho más doloroso estar viviendo en carne propia la explotación minera, en la extensión de esta media isla sin importar los daños a los seres vivos, da pena que aún extinguida la etnia aborigen los dominicanos estemos hoy en peligro de desaparecer. Es como si se repitiera la historia donde Fray Bartolomé de las Casas y otros defensores de nativos, lucharon para denunciar las injusticias que se estaba cometiendo el almirante Cristóbal Colón, y todo fue en vano porque extinguieron a los habitantes originarios de la isla.

El conflicto del hábitat del dominicano está en la misma tesitura, no vale presentar proyecto de ley ni estudios científicos por los especialistas del área, donde exponen las razones demostrando los elementos que ameritan su protección como son:

-El papel hidrológico con el abastecimiento de agua potable.
-El desarrollo en la producción de todas las actividades económicas de la región del Cibao.
-La presencia de bosques húmedos, mixtos y de conífera.
-Una riqueza biológica extraordinaria, la atmosfera que la rodea

y el clima variado que la caracterizan por ser un laboratorio viviente.

-Las especies vivientes que hacen posible un ecosistema variado.

-La representatividad de la flora.

-La fauna que embellece el entorno con las especies de aves, reptiles, mamíferos, anfibios, insectos, moluscos y peces.

Yo creo que expuestas todas estas condiciones, no hay por qué someterse a cualquier objeción de un funcionario político para declarar a Loma Miranda parque nacional, no estoy de acuerdo con la famosa presa de la loma de Guaigüí, de donde sacaron todos los minerales y materiales que daban consistencia a la capa freática del rio para exportarlo.

No se puede confiar mucho en la tecnología, porque cuando lleguen los tiempos fluviales estarán en peligro los pobladores de la zona con la presa y los apartamentos que construyeron en el riito, y saber que hubo un tiempo con hora específica y máquinas humanas que provocaron esos daño.

Agradecimientos:

A Dios, por haberme dado la oportunidad de investigar la historia de la colonización en América y en la isla de Santo Domingo, de donde me surgió la inspiración para defender mi derecho a solicitar la declaratoria de Loma Miranda como área protegida.

A mis cuatro hijos: José María Nathanael, María Altagracia, Juan María Rodríguez, Hilda María.

A mis nietos: Darlin y Camila. Y mi nuera Elibaneza por haberme dado fortaleza para esta misión.

En especial, a mi esposo José Rodríguez y a Hilda María por Haberme soportado todos los trasnochos y comentarios para poder culminar este trabajo.

Al Profesor Ronny Rosario, por haberme inducido a la realización de esta obra y a todas las entidades que están luchando por esta causa y fueron mi soporte.

LOMA MIRANDA, Defensa de su preservación y carta de Juan Pablo Duarte

Prólogo

Como un organismo vivo perteneciente a una especie humana, quiero expresar el sentir que me invade frente a una situación tan delicada y peligrosa como es la explotación de Loma Miranda para los pobladores de La Vega, Santiago, Bonao, San Francisco de Macorís, Nagua y Samaná, sin que las autoridades no dan una respuesta a los reclamos de una de las regiones más importantes del país: el Cibao.

Numerosos sectores están protestando y luchando en el ejercicio de su pleno derecho a reclamar que se respete ese patrimonio nacional, al tiempo de desautorizar el proyecto de ley que busca la explotación de Loma Miranda, sometido a las cámaras legislativas por los congresistas representantes de las provincias y municipios de La Vega, Monseñor Noel, y demás demarcaciones geográficas implicadas, al mismo tiempo que los sectores proteccionistas del ambiente solicitan que sea declarada área protegida bajo la categoría de Parque Nacional.

Lo más importante en este momento para la región del Cibao es la obtención del proyecto sometido a la cámara legislativa para que se declare Loma Miranda área protegida o parque nacional en beneficio de toda la población dominicana.

También es importante analizar y comparar la relación que guardan los hechos ocurridos en la época de la colonización y las causas y consecuencias que conllevarían a los dominicanos con la explotación de los recursos que posee en su suelo, al mismo tiempo reconocer la utilidad y el beneficio que le proporcionan a la región del Cibao los elementos naturales en la vegetación, la ecología, biosfera, la hidrosfera y atmósfera que le rodea.

Loma Miranda es considerada como un laboratorio vivo para la conservación de los agentes físicos y un campo mina de agua que alimenta toda la Región del Cibao Central, de ahí su importancia para los dominicanos.

No puede desmentirse la verdad en sí misma, no es un riachuelo ni mucho menos un chorro de agua que corre por los causes que rodean y forman la hidrosfera de Loma Miranda.

LUIS LEDESMA
31 de enero de 2023
Dallas, Estados Unidos de América

La biósfera

Para hablar de la biósfera debemos conocer su origen que, según el calendario geológico, abarca grandes intervalos de tiempo y comprende cientos de millones de años, desde que se formaron los continentes.

Los científicos, de acuerdo a las existencias de vida en la Tierra, han dividido la historia de geológica en escalas o eras geológica. Estas fueron conocidas y estudiadas de las capas que forman la corteza terrestre, de acuerdo con la evolución sísmica oceánica y la tierra firme, estas fueron divididas por los geólogos en diferentes períodos que son:

1° La Era Azoica o sin vida: esta se caracterizó porque en este período de tiempo no existía el agua, la materia viva ni se había formado la atmosfera, solo existía un cuerpo celeste opaco incandescente en evolución.

2° La Era Protozoica: se caracteriza porque en ella se crearon todas las condiciones necesarias para hacer posible el desarrollo de la vida en la tierra, se formó la atmósfera, la lluvia y con el enfriamiento de la tierra, se forma las primeras representaciones de vida que eran organismos unicelulares como las bacterias, las algas, el paramecio y la ameba.

3° La Era Paleozoica o Carbonífera: Se le llama de esta manera porque en la misma se formaron los yacimientos de petróleo y carbón producto de la vegetación sepultada en las áreas de los pantanos, también fueron evolucionando los animales, las plantas y predominando los insectos, estrellas de mar y esponjas.

Con el transcurrir del tiempo y los cambios en la corteza terrestre, producto de la evolución y el desarrollo de las primeras
formas de vida, aparecen los vertebrados, los peces, anfibios y
abunda la vegetación. Surgen grandes accidentes en la corteza
terrestre producto de las actividades volcánicas, originando que
los mares se aislaran de los océanos y surgen las montañas y
cordilleras.

4° La Era Mesozoica es donde se producen los grandes cambios
ambientales con la subducción de las capas terrestres, formado
los continentes; Europa, Asia, África y Oceanía.

Este período se caracterizó por los grandes cambios ambientales, la formación de un clima cálido y a adaptación de las plantas y los animales a un ambiente inestable; en donde se inicia la existencia de fósiles en las cuevas del sur de Francia y en España.

En esta era se formó la isla Hispaniola, se formaron los valles y las llanuras que adoptaron su actual configuración. Los científicos para estudiar las capas que forman la tierra la dividieron en: la atmósfera hidrosfera y geosfera. La biosfera forma parte de la capa gaseosa de la atmósfera que envuelve la tierra y hace respirable el oxígeno para todos los seres vivos y al mismo tiempo, controla el nitrógeno y el dióxido de carbono en la nutrición de las plantas haciendo posible el proceso de la fotosíntesis. La Biosfera es un espacio del planeta tierra donde se desarrolla la vida de los animales, las plantas y los humanos.

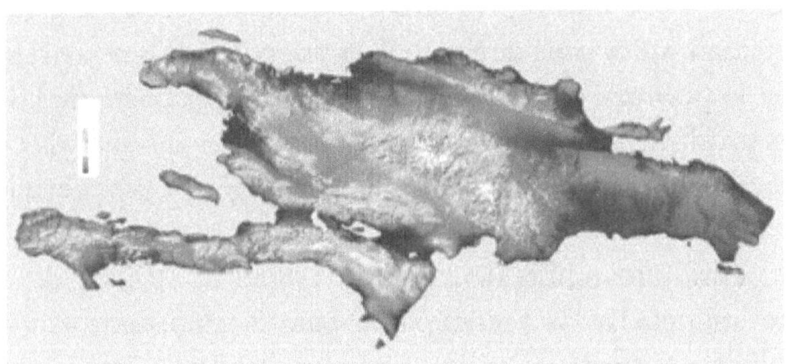

En la troposfera que es la zona que está en contacto con el suelo, aquí viven y se desarrollan los seres vivos, se encuentran los recursos renovables y los no renovables, también se producen los fenómenos meteorológicos como son: la lluvia, el viento y las variaciones del tiempo.

Al analizar la composición medioambiental del valle del Cibao, encontramos que la biosfera de Loma Miranda es admirada por la belleza de sus paisajes, por su corteza terrestre, que contiene elementos indispensables para la vida, tales como: el aire, el agua, el suelo, y los minerales que la forman; tiene uno ecosistema no degradado con unos componentes bióticos y abióticos que preservan la fauna y la flora del entorno razón por la cual no es favorable para la explotación minera.

Hablar de Loma Miranda, es hablar del útero viviente que protege la vida de los pobladores de la región, es el pulmón por donde respiran los seres vivos que pertenecen a sus ecosistemas, es el cordón umbilical que alimenta a catorce municipios, cinco provincias y veinte y dos poblados.

La mayor preocupación de la iglesia católica, encabezada por su mayor representante, en ese entonces, Monseñor Antonio Camilo, Obispo de la Diócesis de La Vega, junto a más de sesenta sacerdotes de la diócesis y cientos de feligreses y entidades empresariales, así, como representantes de la alta clase de estudio Universidad Autónoma de Santo Domingo (UASD) no se refiere tanto a la pobreza en la que se lleven la mayor parte de las riquezas producidas por los recursos naturales, es la salud y la contaminación ambiental y los daños a la ecología y a la vegetación.

Estos pensadores entienden que se espera la crónica de una muerte anunciada. Es preocupante para la ciudadanía que las autoridades de turno no quieran tomar carta en el asunto para terminar con el conflicto.

Hay que ver la otra cara de la moneda: el senador de Bonao, las organizaciones y los líderes, juntos con los obreros que temen por quedarse sin sus empleos, están en su derecho de protestar y reclamar por su futuro. Solo esto justifica que estén a favor de la explotación de Loma Miranda.

Otro caso para analizar y buscar una solución razonable, ya que esta es la única razón o causa por lo cual no se puede declarar

Loma Miranda área protegida, cuando todos en general, vamos a ser perjudicado a causa de la explotación.

Se impone el poder y la ambición del dinero, darle la razón al que no la tiene por encima de la verdad, se siente la impotencia que se apodera de un pueblo, silencio que se pierde en la conciencia de los que se llaman dominicanos y respetan la Constitución de la República.

Señor presidente Danilo Medina y todos los representantes del Congreso Nacional, los reclamos del senador de Bonao y los líderes políticos con los empleados de FALCONDO tiene solución, sin la necesidad de la explotación del espacio de 14 kilómetros de los 20 kilómetros cuadrados que ocupa Miranda. Es necesario la creación de fuentes de empleos para los empleados que necesitan fuentes de ingresos económicos para cubrir necesidades.

Elaborar una política constructiva, uso de edificios y plantas físicas para negocios de comercialización en beneficios de los perjudicados, buscar estrategias para desarrollar las actividades económicas, como son la tecnología agropecuaria, ganadería y la artesanía, sin la necesidad de recurrir a la explotación minera de Miranda porque esa actividad pone en peligro toda la población de la región del Cibao.

No puede ser posible que FALCONDO con más de cuarenta años operando en el país, no tenga las reservas económicas necesarias para liquidar al personal y proporcionarle su seguridad financiera. No todo el que diga, señor, entrará en el reino de los cielos. La dominicanidad hay que demostrarla con hechos y obras.

Los primeros pobladores enfrentaron a los españoles a flechazos limpios en Samaná y todo fue en vano y siguen los abusos, la extracción de los recursos naturales y los malos tratos a que eran sometidos. Hoy el rio sigue su cauce en pleno siglo XXI, y existen algunas interrogantes:

¿A quién vamos a enfrentar? ¿Cuáles son las armas que tenemos que usar para defender el patrimonio nacional que le perteneces a todos los dominicanos y hay que preservarlos?, es verdad que está bajo la protección pública del Estado, pero no es dueño para destruir, violentar, dañar, explotar los recursos naturales que vayan en prejuicios de las especies de la región.

Defensores y opositores luchan por una causa, que solo el señor presidente de la República Dominicana con un decreto presidencial puede terminar con esta pesadilla, sin esperar que suceda como la colonización y el uso de las armas de fuego. Hay que recordar que estamos en la civilización, por consiguiente, hay que buscar una solución a favor de la verdad y la vida, tomando en cuenta que los dominicanos están conscientes de la seguridad jurídica de protección que tienen los recursos naturales y lo consagran la constitución dominicana en el capítulo IV sobre los derechos colectivos y del medio ambiente, reafirmando en los artículos 66 y 67.

Los mandatarios y los ciudadanos no pueden hacer lo que les parezca con los recursos naturales e institucionales, no pueden disponer medalaganariamente porque pertenecen a los bienes comunales de la nación. Ellos tienen derecho a la protección de esos recursos en beneficio de la población, no en perjuicio de la ciudadanía y más aun poniendo en peligro la biosfera.

La Vega tiene que afianzar su pie de lucha porque este es un reclamo nacional, un derecho constitucional; y Santiago, Moca, Santo Domingo, San Francisco de Macorís, Nagua y Samaná no van a dar su brazo a torcer hasta que se declare Loma Miranda parque nacional.

Planteamiento

La palabra era el verbo que aleteaba sobre las aguas, sonido sobre la superficie de la existencia que era Dios. Por la Palabra, existieron todas las cosas creadas con orden y perfección, todo era perfecto, Dios creó al hombre a su imagen y semejanza después de haber creado el reino animal y vegetal que son los recursos indispensables para la subsistencia de los seres vivos en la tierra.

Dios le dijo al primer hombre de la creación con el sudor de tu frente te mantendrás y a la mujer con dolor parirás los hijos; desde entonces el hombre tiene la necesidad de manipular los recursos naturales para el desarrollo cultural y social de la época, pero no es dueño y señor de los recursos que no son renovables donde no intervino la mano del hombre para la creación.

Existen las leyes naturales, entre las cuales podemos citar: la ley de la vida, la germinación de las plantas, las estaciones del año, entre otras que el hombre no ha podido modificar como se modifica la Constitución de la República Dominicana para beneficios de un sector. Estas leyes no son respetadas, porque el hombre no tiene la palabra de Dios en su corazón, está secularizado, no ve la existencia de Dios por ningún lado, está materializado, ha desarrollado la teoría de algunos grandes filósofos.

Dios creó al hombre libre y lo puso en medio de la naturaleza para que disfrutara de todos los recursos naturales durante su existencia en el cosmos. No existe ley natural alguna, en ningún país del mundo donde haya un artículo o una cláusula que diga que los recursos naturales son para disfrutarlos un grupo que tenga el privilegio de estar en el poder o de haberse apoderado de parte de los recursos naturales y expandirse por trascendencia familiar o gubernamental como ha ocurrido con algunos terrenos en este país.

La biosfera que rodea Loma Miranda está habitada por seres vivos. En la misma encontramos todas las sustancias necesarias para vivir: el agua, el aire puro, el suelo, etc. La atmósfera la protege de los rayos solares y mantiene su temperatura con adaptaciones que les permite captar las modificaciones del medio ambiente, con un clima cálido y tropical. Todas estas características son las que ameritan la protección y el cuidado de los recursos naturales que promueven acciones para conciliar la conservación de la biodiversidad con el uso sostenido de sus recursos.

Es necesario identificar los problemas ambientales que afectan la Región del Cibao, ya que la zona se considera un laboratorio vivo.

Hay que seguir organizando concentraciones como: grupos estudiantiles, amas de casa, juntas de vecinos y sindicatos, para demostrar que Miranda es una zona que debe ser preservada porque tiene gran importancia para la salud del planeta tierra y la población de la Región.

Hay que concienciar a los dominicanos de los derechos que le corresponden para defender los recursos naturales o su patrimonio de cualquier organismo nacional o internacional que quiera explotarlo o violentarlo; a sabiendas de que estas áreas verdes están bajo la protección pública del Estado y al mismo tiempo pertenecen a bien común.

A las comunidades organizadas y los ciudadanos les asisten derechos para reclamar y defender sus recursos y los bienes nacionales.

Es la Constitución de la República Dominicana que dispone en el capítulo I, artículo 123, acápite I que establece que los extranjeros no pueden ser candidatos a la presidencia de la nación, porque no conocen los valores culturales y patrios de la misma; el patrimonio está en peligro, los destinos de la patria están en juego. Hoy está la sociedad dominicana en una situación tal, que tú no sabes si son dominicanos o extranjeros los que defienden el patrimonio nacional, no se ven por ningún lado los ideales de Duarte.

El hombre tiene que organizarse para realizar las actividades humanas, pues este con su actuación no solo transforma la sociedad, sino que también se perfecciona a sí mismo aprendiendo a cultivar los recursos naturales, sus facultades físicas, mentales y se supera y trasciende a un desarrollo bien entendido en la ciencia y la tecnología, pero hay que cuestionar, porque al mismo tiempo pone en más alto valor las riquezas exteriores sin importarle las causas, los daños, las pérdidas de Vida y la destrucción social o cultural del entorno que puedan ocasionar.

De igual manera, todo lo que el hombre haga para conseguir bienes, riquezas, fama y poder debe ser con justicia, honradez; en el marco de un orden más humano en sus relaciones sociales, culturales y religiosas, en beneficio del desarrollo y protección de la vida, porque el proceso y el desarrollo de las especies humanas, animal y vegetal, vale más que el progreso técnico. Este puede ciertamente suministrar todas las sustancias y recursos alimenticios naturales para el diario vivir, y así también con sus avances y tecnología ayudar al sostenimiento de la vida.

Existen leyes naturales que siguen el curso de la madre naturaleza, y normas creadas, por el hombre que rigen las actividades humanas que, según el designio y la voluntad divina, responden al auténtico bien del género humano y a su permanencia temporal, como un enriquecimiento y realización para la preparación de la vida futura.

Sin embargo, muchos de nuestros contemporáneos parecen temer la vinculación que existe entre las actividades humanas y el concepto de la religión, que pone al hombre en la verdad y le anuncia el kerigma, la palabra, la vida eterna, ¿para qué te apegas a los bienes materiales si tienes que dejarlos?; dice la canción, nada trajiste, nada te llevarás, tan solo lo que había dentro. La sociedad y los adelantos científicos y técnicos plantean a las generaciones que existen obstáculos entre las actividades humanas y la religión por la autonomía del hombre.

La libertad y autonomía, no solo la reclaman los hombres de nuestros tiempos, sino que responde además a la voluntad del creador, pues, por el hecho mismo de la creación, todas las cosas están dotadas de una consistencia, verdad y bondad que crean leyes y órdenes, que el hombre está obligado a respetar reconociendo el método propio de cada una de las ciencias o artes.

Por esto hay que lamentar ciertas actividades de las autoridades que a veces se han manifestado de manera distorsionada, por no querer respetar la Constitución y las leyes adjetivas, y por no haber entendido suficientemente la legitimidad de las ciencias y actividades que por las contiendas que de ella surgen, da lugar a pensar que existe una oposición entre la religión, la ciencia y los derechos humanos.

El hombre tiene la necesidad de transformar y moldear los recursos naturales y gozar de las cosas creadas por Dios con libertad plena, sin limitaciones como: los paisajes, los ríos, las montañas, las playas, los valles, etc. Sin embargo, la ciencia y la tecnología basadas en la razón y el absolutismo quieren demostrar que en el sentido del valor de la autonomía humana y de las realidades o necesidades del desarrollo cultural y social, no interviene la creación como función absoluta, y que el hombre puede disponer de todo sin ser referido al Creador.

Es urgente la unificación de sectores barriales, populares, la iglesia, la pastoral juvenil, los hermanos no creyentes, las juntas de vecinos, los grupos sociales y comunitarios y los partidos políticos en contra de la solicitud de la empresa Falcondo Xstrata Níquel al ministerio de Medio Ambiente y Recursos Naturales, para la explotación de un yacimiento de Níquel en un espacio de 14 Km2 de los 20 km2 que tiene Loma Miranda.

A las instituciones antes referidas deben unirse, además, el sector privado, empresarial y universitario, como a todos los dominicanos ausentes que defienden los ideales del Patricio Juan Pablo Duarte, de una manera fraternal, y así unir fuerzas para salvar la vida de la región del Cibao, y de las cinco provincias, 14 municipios y 22 poblados que la conforman.

Territorio dominicano

Nuestro territorio surgió de los bloques sólidos o fragmentos que a través del tiempo forman las placas tectónicas producidas por una serie de cambios en la estructura interna, en la superficie terrestre y en los océanos.

De esta manera surgieron las diferentes capas tectónicas que forman el planeta Tierra, como son: placas de nazca, placas norteamericanas, placa euroasiática, placa india, placa árabe, placa somalí, placa australiana, placa escocia, placa pacifica, placa de cocos. Las placas tectónicas se mueven en diversas direcciones, una con respecto a las otras, produciendo grandes terremotos, la formación de las montañas y reformaciones en la superficie de la tierra. Los movimientos que realiza la placa tectónica son concurrentes, divergentes o de separación y paralelas.

En el movimiento de subducción o concurrente ocurre la inmersión de masa de tierra, una debajo de otra, coincidiendo con las fosas oceánicas localizadas paralelamente al margen continental, produciendo fenómenos sísmicos o volcánicos y la creación de elevadas montañas.

En el movimiento divergente que corresponde a la separación de las masas terrestres produciendo el alejamiento paralelo de los bloques territoriales, surgen los continentes, Europa, Asia, África, América y Oceanía. La placa tectónica caribeña se encuentra en el centro de la placa norteamericana y la placa Sudamericana.

Estos movimientos y los choques de las placas tectónicas provocaron grandes eventos geológicos en la superficie de la tierra y en los océanos, estos fenómenos vinieron a constituir las Antillas que se formaron a partir de los períodos Jurásicos y cretáceos de la era secundaria.

El origen de la isla de Santo Domingo se ubica cuando comenzó el proceso de emersión de la isla, producto del movimiento de subducción en la placa norteamericana que se encresta lentamente por debajo de la placa caribeña, levantándola y empujándola en dirección Nordeste. Así se origina la isla, y posteriormente lo que hoy se llama República Dominicana, representada por los sistemas montañosos más antiguos del país; la Cordillera Central, Cordillera Septentrional, Cordillera Oriental, la sierra de Samaná, Bahoruco, la del Seibo y Yamasá, a medida en que se seguía el proceso de levantamiento en la isla entre los períodos de la era terciaria y la era cuaternaria, surgen las planicies de los valles y desaparecen los canales marinos, esto ocurre en el período pleistoceno de la era cuaternaria con la permanencia de levantamiento progresivo de las plataformas submarinas de la isla y el consecuente retiro de las aguas del océano, comienzan a surgir todos los valles y llanuras, así nace el valle más fértil de la isla, el valle del Cibao, que es la planicie de mayor extensión territorial y de mayor producción agrícola de toda la República Dominicana.

La región del Cibao está localizada al norte de la isla, este valle limita al norte con la cordillera septentrional o sierra de Montecristi y al sur con la cordillera central; la sierra de Yamasá y los Haitises. Los valles nacen de la desaparición de los canales marinos y el valle del Cibao era un antiguo canal marino que se extendía desde la Bahía de Samaná hasta la Bahía de Montecristi, que se secó por las emersiones de la isla desde el fondo del mar y por grandes ríos. El valle del Cibao está dividido en dos vertientes fertilizadas por los ríos más importantes de la isla, Yaque del Norte y el Río Yuna, el valle del Cibao Oriental es denominado también el valle de La Vega Real. Este valle cuenta con una superficie de unos 3,500 km2, y se extiende desde el municipio de Licey Al Medio, Santiago hasta la Bahía de Samaná.

Abarcando espacios geográficos muy importantes del sector oriental de las provincias de: Santiago, La Vega, Espaillat, Salcedo, Sánchez Ramírez, Duarte, y María Trinidad Sánchez. Este valle oriental es considerado como el de suelos más fértiles y productivos del país, por esta razón la Loma de Miranda no puede ni debe ser tocada ni explotada por ningún organismo e institución dominicana o Extranjera que desconozcan o quieran desconocer la utilidad de la conservación como reserva para la región del Cibao y todo el país. Miranda es un laboratorio vivo, es una cantera de minerales y de agua que protege el aire, el agua y el suelo, para preservar la salud y la vida.

El valle del Cibao Occidental posee una superficie de unos 2,950 km2, se extiende desde el municipio de Villa Gonzales en Santiago, hasta las Bahías de Montecristi y Manzanillo. Ocupando casi todo el territorio de las provincias, Valverde y Montecristi y una parte del sector occidental de la provincia Santiago y una pequeña parte de las provincias, Santiago Rodríguez y Dajabón en la línea Noroeste.

También está el valle de Bonao perteneciente a la provincia Monseñor Nouel en el Cibao Central, con una superficie de 128 km2, encerrada por la Cordillera Central que lo limita al oeste, y la sierra de Yamasá que lo limita al este, sus suelos, lo forman los aluviones del río Yuna y sus afluentes. El valle de Bonao nace de un antiguo lago que en el período pleistoceno fue drenado y convertido en un valle de ricos, suelos lacustres alivianados, con una economía diversificada fundamentada en el cultivo de arroz, cacao, ganadería, árboles frutales, y frutos menores, así como el comercio y talleres artesanales.

En la región del Cibao se encuentran los valles intra montañosos que son los antiguos lagos que se secaron cuando sus principales ríos comenzaron a sedimentar sus suelos mediante los depósitos de materiales aluviales, estos valles intra montañosos son: el de Jarabacoa formado por los aluviones del río Yaque del Norte y Jimenoa y todos sus afluentes, el de Constanza formado por los aluviones del río Grande o del Medio y sus afluentes, el Tireo que se encuentra enclavado por la cordillera central y sus suelos han sido formados por los aluviones del río Tireo y sus afluentes, el paisaje natural de la región del Cibao desde su origen, ha sufrido grandes modificaciones en la superficie terrestre por medio de los fenómenos que modelan el relieve, en algunos casos destruyendo y en otros construyendo a consecuencia de la actuación y procesos que degradan o destruyen forma progresiva.

Los agentes erosivos del relieve que intervienen en el paisaje natural son:

El agua, que es uno de los agentes erosivos del relieve.
Las aguas de la lluvia.
Las aguas de los ríos, arroyos, cariadas y avenidas.
El agua de los ríos subterráneos, del mar o del océano que provocan la erosión de tipo pluvial.

Los agentes que producen erosión en la capa vegetal son:

La erosión eólica.
Los organismos vivientes.
La meteorización física.
La meteorización química.

La erosión eólica consiste en el desgaste del relieve originado por los fuertes vientos en la atmósfera, creando a su paso este fenómeno múltiples variaciones en el modelo terrestre.

La meteorización física se debe principalmente a las variaciones extremas de la temperatura del día a la noche. Estas variaciones bruscas se producen en la temperatura del día y de la noche originan la erosión térmica. Hay una meteorización ocasionada por la presencia de agua entre las rocas, las que arrastran y depositan materiales aluviales desde la parte alta de las montañas hasta el fondo de los valles y llanuras que forman la capa vegetal y que permite el crecimiento de plantas y el desarrollo de la agricultura, Esto se origina por meteorización química.

La erosión más compleja y problemática es la provocada por la acción humana, ya que permite que el viento, las aguas y los animales completen el proceso de destrucción de la capa vegetal. Los organismos vivientes crean un tipo de erosión denominada biológicas que con el uso de los recursos naturales provocan la erosión antrópica, la cual se produce en el momento en que se modifica el relieve para la construcción de vías de comunicación, canales, túneles y viviendas para las plantaciones agrícolas. De esta manera, el hombre tiene la obligación de utilizar los recursos naturales para su alimentación y el desarrollo tanto social como económico.

Los recursos naturales tienen que ser transformados para crear y embellecer el entorno cultural, siempre y cuando no vayan en detrimento y perjuicios de los seres vivos, se han planteado todas las razones lógicas por la cual no se puede explotar "Loma Miranda".

El hombre es el único ser vivo que piensa y tiene una autonomía moral para determinar lo verdadero y lo justo, y debe estar sujeto a un pensamiento lógico. Loma Miranda es un patrimonio natural que le pertenece a la región del Cibao. Se entiende que jurídicamente pertenece a los inmuebles públicos que por ley le concierne al Estado, como las áreas verdes, las calles, los ríos, los parques, entre otros. Pero también pertenece al bien común, a la comunidad que tiene derecho a reclamar y exigir la protección de esos recursos naturales cuando el estado o cualquier institución privada o extranjera lo ponen en peligro.

Miranda

Es evidente que la belleza atrae a todos los espectadores y Loma Miranda forma parte de la belleza natural de la Isla de Santo Domingo. Nuestra isla fue la atracción de los españoles desde su llegada en el año 1492.

España y Portugal, fueron uno de los primeros países en explorar a mediado del XVI por el Océano Atlántico en el sur de América y Norteamérica. Es en el año 1492 cuando Cristóbal Colón con un grupo de españoles de toda índole llega a la isla que estaba habitada por aborígenes que fueron nuestros primeros pobladores, y en el año 1493 la Isla de Santo Domingo se convierte en la primera colonia de España en América, por la gran cantidad de riquezas que poseía en su suelo y la fertilidad de las tierras para la producción azucarera.

Aquí se inicia el momento histórico y trascendental para la economía y la explotación de las riquezas que posee nuestra tierra, desde el año 1492 hasta la actualidad, con el caso de las Lomas tanto de Miranda como la de Ortega.

Los primeros pobladores de la isla fueron sometidos por parte de los españoles a violaciones, abusos, criminalidad y al saqueo de los recursos naturales del oro y otros minerales, para poder explotar los recursos de la isla. Los españoles se valieron de estrategias y manipulaciones inhumanas, años después la pobreza se apodera por factores que influyeron en la exterminación de la población de los aborígenes en la isla, en la región del Caribe, Cuba y Puerto Rico. La exterminación de aborígenes se realizó desde el año 1493 hasta el 1520 en todas las Antillas Mayores y las costas de Panamá.

Originando el comercio ilegal o de contrabando entre los españoles que se habían marchado de la isla porque encontraron otras tierras con mayor riqueza, y desde allí realizaban el comercio con los holandeses de forma ilegal sin contratación ni autorización. La política comercial dejaba todos los días más pobres a los aborígenes porque no tenían autorización de la contratación de Sevilla y se llevaban todos los recursos.

Los pobladores se quedaban en la pobreza, aun después de la orden del rey Felipe II de despoblar toda la zona Norte y ubicarla en la ciudad de Santo Domingo, es cuando aumentó la pobreza en la colonia, de tal manera que los españoles dejan la parte occidental de la isla en el abandono y los franceses desarrollaron las actividades de los bucaneros y los piratas, España reconoce los derechos que le pertenecían de la parte occidental de la isla con los tratados de Nimega en el 1678 y Ryswick 1697.

Estos tratados dividieron la isla en dos partes, el éste ocupado por los españoles y al oeste por los franceses conocido con el nombre de Saint Domingue o Santo Domingo Francés, donde hubo mucha prosperidad económica en el desarrollo de las plantaciones, mientras que en el Santo Domingo Español predominó la pobreza extrema durante los siglos XVI y XVII.

Otras de las causas fue la crisis de la industria azucarera a final del siglo XVI por el aumento de los costos de producción y el poco interés que tenían los comerciantes por los productos tropicales.

Hay un relato que no podemos dejar de mencionar, que fue la exterminación de los aborígenes en la isla, los españoles se dieron cuenta de que había disminuido la mano obrera y se vieron obligados a traer los negros africanos que resistían más el trabajo que los indígenas, estos se dedicaban a la recolección de oro, la agricultura y la ganadería. Esta fue la primera entrada ilegal de negros africanos como esclavos a la isla, otra entrada a la isla fue en el año 1875 para el trabajo de la zafra azucarera, que todavía es una preocupación para la nación por el descontrol de inmigrantes ilegales.

Hay que diferenciar lo que es nuestra identidad, nos identificamos porque descendemos de los segundos y terceros pobladores, los primeros pobladores habían desaparecido con el transcurrir de los tiempos, puedes desplazarte por cualquier punto del país y te vas a encontrar con personas con rasgos y características idénticas, el rostro, tamaño, la voz, el pelo.

Descendemos de negros esclavos, sometidos al yugo de otra potencia hasta nuestra independencia, hecho ocurrido el 27 de febrero del año 1844, dirigido por Juan Pablo Duarte, Francisco del Rosario Sánchez, Ramón Matías Mella y un grupo de patriotas. Aquí nace la primera República Dominicana, somos dominicanos; duela a quien le duela, de ciudadanos que no quieran defender los derechos de una patria libre, que nos dejaron nuestros padres de la Patria, sin dejar a Luperón entre otros, ¡eso es otra cosa! Tenemos nuestra dominicanidad y nuestra identidad para poder defender nuestro patrimonio natural, tenemos que partir del origen y los hechos que dieron lugar a la pertenencia de dicho patrimonio. Loma Miranda es una extensión de la Cordillera Central, columna vertebral de la República Dominicana, forma parte de la belleza natural de la isla, rodeada de las aguas de los ríos que con la expresión del sol embellecen el Valle de La Vega Real. Loma Miranda es un patrimonio Natural de la Región del Cibao, pertenece a los habitantes de La Vega desde la llegada de los primeros pobladores a la isla.

Los hechos a través de la historia están ahí, no podemos irnos muy lejos hay que recordar los factores que influyeron para que años después de la llegada de los Españoles a la isla, la pobreza se apropiara de todo el territorio indígena, también tenemos que recordar el maltrato y exterminio de los aborígenes; sin dejar pasar el tratado de las encomiendas, que consistía en la repartición de una comunidad de indios a cambio de recibir alimentos, cuidados de salud y formación religiosa, para pagar los tributos con el dinero que recibieran, y los españoles no cumplieron con sus obligaciones y la mayoría de los indígenas se enfermaron y murieron.

Por los maltratos recibidos, y obligándole a trabajar para los señores y pagar el dinero del tributo con trabajo, esta lucha por Loma Miranda es para proteger un patrimonio y preservar la vida humana de la región del Cibao, para que no se repita la historia a la que fueron sometidos los aborígenes de la isla en las villas de: La Vega Real, de Bonao y Puerto Plata. Quiero presentar este documento que permite conocer como fue el trato de los españoles con los tainos o aborígenes en el Cibao y en toda la isla.

Fray Bartolomé de las Casas

Misionero dominico español, que nació en Sevilla en el año 1474, defensor de los aborígenes en América, fue llamado Protector de los indios, por su labor a favor de los aborígenes desde su llegada en el año 1502, luchó contra los abusos de los conquistadores realizando varios viajes a España para obtener medidas favorables y terminar con la discriminación y maltratos de los indios. Murió en México en el año 1546, ante de su muerte escribió un documento llamado "Historia general de indias".

Denunciando todas las injusticas que el almirante Cristóbal Colon imponía a los indígenas cercanos a las minas, menores y mayor de edad tenían que sacar el oro en batea o recipiente de concha, para entregar cada mes un cascabel lleno de oro, sin importar que estuvieran enfermos o cansados, eran sometidos por la fuerza y a latigazos. Solo el cacique Maniocatex daba cada mes, media calabaza de oro llena que pesaba tres marcos, que equivalía a 150 pesos oro o castellanos, exigiendo una arroba de algodón cada persona, carga imposible e intolerable de cumplir, y de saber que los indios de esta isla no tenían maquinarias para recoger el oro de los ríos, lo realizaban echando agua con las manos juntas; por lo cual obligarlos a dar cada tres meses un cascabel de oro le era imposible.

Analizando estos factores que incidieron en el exterminio de los aborígenes y la pobreza de la colonia, hay que poner la barba en remojo por la causa y consecuencia a que está expuesta la región del Cibao con la explotación de Loma Miranda; con los daños y perjuicios a la ecología y la vida de los seres vivos.

La colonización trajo como consecuencia la exterminación de los primeros pobladores, y la explotación de Loma Miranda tiene también su consecuencia tanto en el subsuelo como en los ríos, tenemos el caso del rio Camú es una mina de oro y placer, y todavía en la actualidad queda oro sepultado en la Riviera, Guaigüí, San Antonio y Bayacanes, etc. Esta convertido una destrucción global en la superficie terrestre porque ha perdido la corriente de agua, y no por la falta de lluvia o del calor sino por la extracción de la mina de placer. Y todo el que tiene conciencia se pregunta; ¿Dónde están los ideales de Juan Pablo Duarte?, ¿Qué estás pasando en la Republica Dominicana?. Estamos presenciando los hechos ocurridos en la colonización de los españoles en la isla de Santo Domingo en el año 1492, es muy tedioso saber que a los 60 años de la presencia de los españoles en la isla, había desaparecido la especie indígena según el censo realizado por Ovando.

Es mucho más doloroso estar viviendo en carne propia la explotación minera en todas las zonas frecuentadas por los españoles en la isla, y que la vida de los seres vivos están en peligro de extinción, como está ocurriendo con la flora y la fauna en todas las región es del país, es visible que se repite la historia, donde Bartolomé de las Casas y otros defensores de indios, por mucho que lucharon para denunciar las injusticias que se estaba cometiendo el almirante Cristóbal Colón con los primeros pobladores de la isla, fue todo en vano porque desapareció la hernia indígena en la isla.

El conflicto de Miranda tiene el mismo meollo, no vale presentar proyecto de ley, estudios científicos por especialistas del área presentando las razones y demostrando los elementos que ameritan su protección como son: el papel hidrológico con el abastecimiento de agua potable.

-El desarrollo en la producción de todas las actividades económicas de la región del Cibao.
-La presencia de bosques húmedos, mixtos y de conífera.
-Una riqueza biológica extraordinaria, la atmosfera que la rodea y el clima variado que la caracterizan por ser un laboratorio viviente.
-Las especies vivientes que hacen posible un ecosistema variado.
-La representatividad de la flora.
-La fauna que embellece el entorno con las especies de aves, reptiles, mamíferos, anfibios, insectos, moluscos y peces.

Expuestas todas estas condiciones, no hay por qué someterse a cualquier objeción de un representante del ministerio público, cuando se haya aprobado por unanimidad el proyecto de ley donde se declara loma miranda parque nacional, y las autoridades no entran en razón, y siguen con la extracción interna y la quema de árboles, y no hay quien haga justicia para reparar los daños ocasionados en la región del Cibao y en todo el país.

Con su falacia presentan proyecto justificando la construcción de la famosa presa en la Loma de Guaigui, donde todos sabemos que se arrastraron todos los minerales y materiales que daban consistencia a la diversidad del ecosistema y proteger la biosfera.

Y saber que hubo un tiempo con hora específica y máquinas humanas que cometieron y siguen cometiendo la misma acción, hay que crear conciencia para enfrentar a los explotadores que justifican tener la razón y no la tienen, porque el desarrollo de la economía minera es para favorecer a las compañías e industrias metalúrgicas.

Esas compañías extranjeras están presentando recursos que destacan la posibilidad de obtener la licencia ambiental y lograr el permiso de la explotación, tratando de mancillar la presencia de partículas de minerales que son respirable, como el cromo que es un metal alienable que con la obtención de minerales y otros materiales de la corteza terrestre produce contaminación de los ríos y del medio ambiente, ocasionando a corto y largo plazo la muerte de peces y plantas y produciendo enfermedades virales, intestinales, respiratorias, entre otras, a personas y animales de la región.

Las autoridades de turno y las que vendrán deben tener presente que autorizar la explotación de Loma Miranda es provocar el daño más grande de la humanidad, primero por la deforestación con métodos comerciales, originando la disminución del cauce de los ríos y segundo la contaminación ambiental y ecológica en toda la geografía nacional, por eso hay que preguntarse: ¿Cuáles son los daños que ocasiona la explotación de los yacimientos mineros? ¿Por qué la Falconbridge Dominicana se cambió el refajo cuando se cambiando de nombre? ¿Por qué las autoridades no determinan que hacer con la propuesta? ¿Por qué no se declara Loma Miranda parque nacional?

Es evidente lo que ha pasado en la historia de la economía en la Republica Dominicana con la Falconbridge Dominicana, (FALCONDO), la Rosario Dominicana, entre otras, que han seguido los pasos de la colonización en la isla, son las empresas mineras que han logrado explotar los más grandes yacimientos del hierro, níquel y el oro del país, tienen más de 40 años practicando minería a cielo abierto en las lomas Ortega de Pontón en La Vega, en Bonao y las lomas La Peguera y el Verde entre otras.

FALCONDO muestra su interés y preocupación por la protección del medio ambiente y asegurando que tienen más de diez años reforestando más de diez mil tareas en la zona de explotación, eso no es posible porque esos daños ambientales y ecológicos no se superan ni con más de 90 años de fertilización y forestación.

El Ministerio de Medio Ambiente y la asociación para el desarrollo de Sabana del Puerto que están colaborando con esta mentira, están muy equivocados y todas las autoridades y entidades que estén de acuerdo con ellos.

Porque la tierra está formada por unos metales pesados que se encuentran en su interior con una longitud de dos mil novecientos kilómetros de los seis mil trescientos setentas que tiene de profundidad, y las dos capas concéntricas que forman la litosfera se encuentra el núcleo que está formado por níquel y hierro.

Estas capas forman un imán produciendo un campo magnético protegido por un manto que está compuesto por silicio, aluminio y magnesio que están fundidos por la alta presión y temperatura que posee, aquí está el peligro de extinción de todas las especies de seres vivos que habitan en Loma Miranda, y ellos, siguen explotando secretamente la peguera, Guaigüí y Ortega.

Debe haber una razón muy poderosa para que hayan dominicanos que estén de acuerdo con la explotación minera, estando conscientes de la destrucción por la contaminación y las enfermedades de los pobladores del Cibao central, que será lenta a largo plazo consumiéndose en la agonía del fuego, el calor y sin producción agrícola.

Cuando se movilizan esos metales que forman el manto y protegen el hierro y el níquel que hay en el núcleo de la tierra, con la extracción se desactiva el control de la fuerza magnética de la gravedad que tiene la tierra de atraer todos los cuerpos a su centro.

Esta fuerza de gravedad es la que impide que los gases que forman la atmósfera que son: oxígeno, nitrógeno, dióxido de carbono, gases notables, entre otros, se dispersen y la atmósfera, pueda permanecer protegiendo el planeta tierra, ya que esta es la que proporciona todas las conexiones necesarias para el desarrollo de la vida en la tierra, también juega un papel muy importante que constituye el filtro protector que impide que las radiaciones ultravioletas del sol lleguen a la tierra.

Las minas a cielo abierto son las minas de superficie que adoptan la forma de grandes fosas en terraza, cada vez más profundas y anchas en la superficie terrestre, donde el agua se calienta por la acción calorífica del sol, al calentarse el agua se convierte en vapor y asciende a la atmósfera formando las nubes.

Por causa de la deforestación y la perdida de los componentes terrestres las nubes no pueden transportarse directamente a la zona de la atmósfera donde se condensan, para precipitarse como lluvia, esto provoca que no llueva, que no se desarrolle el proceso de florescencia en los árboles frutales y en la vegetación, trayendo como consecuencia, que esas zonas o áreas explotadas y sus proximidades nunca jamás volverán a ser tierras fértiles porque pertenecen a los recursos no renovables.

Las explotaciones mineras son una destrucción total, ya que afectan todos los elementos de la subsistencia de las especies de todos los seres vivos, no es factible para los dominicanos la explotación, no se puede, ni se debe realizar esta actividad, porque desaparece la energía magnética que conserva el dióxido de carbono en el interior de la tierra, y hace posible el proceso de la fotosíntesis para la elaboración de los frutos en las plantas.

También porque afecta grandemente todas las actividades agrícolas, agropecuarias, la ganadería y la avicultura, que ponen en peligro la económicas del Cibao que es una zona básicamente agrícola y muy fértil, los productos que serán afectados son: café, cacao, arroz, tabaco, guineo, plátano, etc., y en la ganadería: vacuno, caprino, bovino, avícola, porcino y la pesca.

Las actividades mineras en el país son: las minas de hierro y níquel que explota la Falconbridge Dominicana, la mina de oro y plata que explota la Rosario Dominicana.

La extracción minera a cielo abierto es la llamada "Placeres" estas minas de placer son depósitos de minerales mezclados con arena o grava, suelen estar situada en los lechos de los ríos o en sus proximidades. No hay que explicar el crimen organizado del río Camú, ya no tiene ribera, tampoco pradera. ¡No espere que hablen las piedras! En la actualidad hay fósiles de ríos desaparecidos como son: Nizao, Yuna, Nigua, entre otros.

El territorio dominicano, a pesar de su pequeña extensión, tiene un número alto de recursos mineros; entre los principales minerales se encuentran: oro, plata, cobre, hierro, níquel, mármol, ámbar, larimar, sal, yeso, magnesio, bauxita, lignito y otros. Las provincias donde hay minas que están siendo explotadas son: Bonao, Monseñor Nouel; Pueblo Viejo, Cotuí, en la provincia Sánchez Ramírez; Puerto Plata, Montecristi y Samaná.

Los minerales de exportación con los que cuenta el país son: oro, plata, hierro, níquel, sal, ámbar y los agregados de la caliza y otros.

El suelo

El subsuelo de Miranda es sumamente rico en minerales y metales preciosos.

Uno de los organismos encargado de mantener la paz en los países del mundo es la ONU es un organismo que surge después de la guerra mundial a causa de la catástrofe producida por los hombres contra su propia naturaleza.

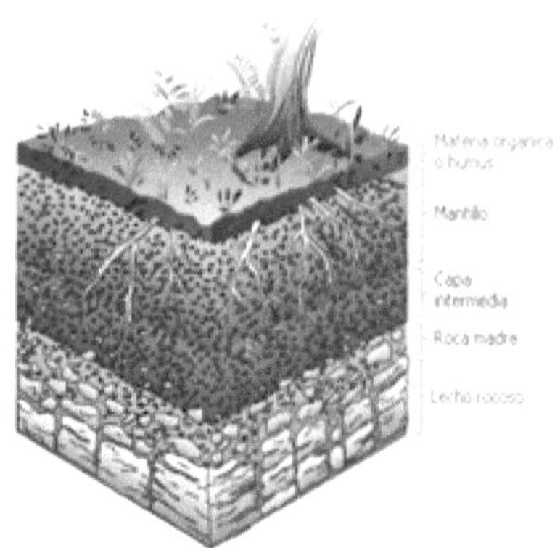

Ante la detonación de dos bombas atómicas, las naciones quedaron horrorizadas por su poder de destrucción; más de diez millones de muertos y cuarenta millones de heridos con una pérdida económica que supera más de un billón ciento veinte mil millones de dólares, sin contar los millones en destrucción de campos de cultivos, fábricas y vías de comunicación. Era necesario reunirse los países para buscar la paz entre las naciones y proteger la humanidad y el 27 de junio del año 1945 se reúne un grupo de representantes de 50 naciones para mantener la unidad y la paz en el mundo. Es así como surge la Organización de las Naciones Unidas.

La situación crucial por la que está pasando la región del Cibao en estos momentos necesita la protección de los organismos que hace aproximadamente 67 años se reunieron con el objetivo de mantener la paz en el mundo.

La población vegana en su mayoría está poniendo resistencia para que no exploten los recursos naturales de su patrimonio, están enfrentando las instituciones, los organismos nacionales e internacionales que aun conscientes del daño ambiental a la ecología y la vegetación, insisten en la explotación minera. Esto dio origen a que surgiera un movimiento de lucha llamado "El Paño Verde" encabezado por el padre Rogelio, para defender los derechos que les corresponden a los dominicanos de un grupo de inconscientes que solo le interesan la ambición por el dinero, para que se los lleven los explotadores y el país quede sumido en la pobreza y la miseria, como está pasando en Bonao, Cotuí y los demás pueblos donde tienen más de 40 años en la actividad minera.

Este movimiento está luchando para que se declare a Loma Miranda como parque nacional, por dos razones: primero, la protección de todas las especies de los seres vivos y segundo, porque su explotación abre las puertas para que se exploten todos los suelos mineros que hay en el país, ya que son nuevos administradores los que están al frente de la explotación con mayor ambición de dinero que la administración pasada.

En la República Dominicana, los conflictos sociales, económicos y políticos están arrastrando grandes consecuencias entre los pobladores, porque solo impera el poder, sin tomar en cuenta las consecuencias.

A esos sectores que están luchando, la fuerza interna lo está callando, están politizando el llamado a la lucha para ellos poder lograr su objetivo. Cada día se unen más personas y las demás provincias del Cibao para protestar en contra del permiso que solicitó la empresa minera FALCONDO XSTRATA NICKEL para poder realizar la explotación de la región. Se está haciendo un llamado a todos los sectores, organismos, instituciones nacionales e internacionales para unir fuerzas y llegar a una solución justa.

De manera humana se quiere llegar a la sensibilidad de nuestro señor presidente de la República Dominicana, Lic. Danilo Medina y al Congreso Nacional para que piensen en las futuras generaciones, porque hoy estamos de paso y mañana, ya no estaremos.

La población en general necesita que su patrimonio natural sea protegido para que las presentes y futuras generaciones no nos juzguen por haberle quitado la oportunidad de vivir y disfrutar la belleza de la naturaleza.

No se debe olvidar, las palabras que plantea el historiador alemán Sambart al referirse al desarrollo de Europa, nos hemos enriquecido porque muchos pueblos y razas han muerto por nosotros, por nosotros han desaparecido continentes enteros.

Los españoles para lograr la conquista exterminaron poblaciones enteras en toda la región del Caribe que incluye las islas de Santo Domingo, Cuba y Puerto Rico.

Los veganos tienen una voz de alerta con el mensaje de que no pueden aceptar por ningún concepto que se repita la historia de los espejitos y las bolitas de colores, basta ya con los abusos, los atropellos, las injusticias donde otro tiene que decidir por la suerte y solo queda el vacío de la destrucción. No hay que irse muy lejos del país, nada más hay que recordar los casos de Pueblo Viejo, con la Rosario Dominicana.

Hoy nos preguntamos. ¿Dónde está el desarrollo de la economía del país? ¿Dónde están los beneficios que dejaran esas industrias mineras al país? ¿Quiénes se enriquecieron? ¿Cuáles se quedaron más pobres? ¿Quiénes fueron los perjudicados?

¡Oh por Dios! ¡Madre mía! ¡Qué será de la región del Cibao si llegaran a explotar Loma Miranda!

Las autoridades no entienden la magnitud del peligro, por eso hay que seguir luchando sin temor, sin miedo, la lucha tiene que ser con audacia, con tesón e insistente, incansable, resistible a cualquier oposición, o determinación que vaya en detrimento de la población.

Los primeros pobladores a la llegada de los españoles reaccionaron de manera diferente, algunos de ellos se resistieron a la ocupación de los españoles, otros se unieron colaborando a favor de la explotación y los malos tratos a que eran expuestos.

Tenemos el caso de Guacanagarix, el cacique de las tribus el Marien quien colaboro a favor de Cristóbal Colón en la construcción de El Fuerte de la Navidad en territorio que hoy pertenece a Haití, los demás indígenas pusieron resistencia y lo enfrentaron a flechazos limpios y fueron vencidos porque no tenían otra arma para defenderse.

Esta primera resistencia se produjo en la región de Samaná, la segunda resistencia fue la destrucción de El Fuerte de la Navidad, el enfrentamiento no les favoreció a los aborígenes porque los españoles estaban mejor preparados, porque estaban acostumbrados a la guerra y a usar las armas de fuego, eso lo hizo indefensos porque las armas que utilizaban los aborígenes eran la lanza y flechas, los españoles a pesar de los enfrentamientos de los aborígenes, siguen con los malos tratos y fundando ciudades y factorías, de esta manera logran formar una cadena de asentamiento en las regiones norte y sur de la isla, con los recursos que habían recibido de los Reyes Católicos.

Este relato induce a todos los dominicanos a luchar y protestar, para no permitir que exploten su patrimonio, mucho menos que intenten poner en peligro la seguridad de los seres vivos de la región, porque si no hay lucha, ni protesta y enfrentamientos, tengan o no tengan la razones, no habrá seguridad en el entorno natural del Cibao; porque tarde o temprano ellos lograrán su objetivo y las futuras generaciones quedarán desprotegidas con la contaminación del aire y de los ríos.

Para los españoles someter a los aborígenes a la extracción de oro que había en los ríos del Cibao era tal la magnitud que lo pintaban para disfrazarlo y no dejar sospecha, porque el oro estaba a flor de la superficie. Hoy el producto minero de la región del Cibao está debajo de la superficie y no podemos permitir que nos sometan a la explotación porque eso conllevaría a la extinción de las especies.

El primer asentamiento de españoles en la isla fue en el Cibao: en la Isabela, donde había más oro, es tal el caso que Ovando fundó una serie de villas en los lugares donde se conseguiría oro. Dándole la categoría de ciudad, ¡vaya que engaño! La Vega, Bonao, Santiago y Puerto Plata fueron las privilegiadas.

Es necesario comparar y analizar la situación de los aborígenes donde unos se ponen de acuerdo con los españoles y otros tienen la valentía de enfrentarlo cuando ellos tenía las mejores armas de fuego, el poder y la experiencia en la guerra.

El método a que fueron sometidos los aborígenes para despojarlos de sus recursos tiene relación con las causas y consecuencias de la explotación de Loma Miranda para la región del Cibao, porque está sobre la rueda enfrentando la misma situación, no se puede permitir que sigan con las explotaciones de los bosques y montañas.

Importancia de los bosques y de los ríos

Los bosques representan la madre tierra porque forman un ecosistema natural, con diferentes especies de seres vivos, y se caracterizan por tener diferentes especies de árboles, y una vegetación acompañada de animales y microorganismos que según el clima pueden se tropicales y subtropicales.

Son importantes, por los beneficios que nos ofrecen y la protección de la naturaleza, ya que conservan la cantidad de agua y las condiciones que hacen respirable el oxígeno de la atmosfera, capturando el carbono y asimilando diversos contaminantes para protegen el desarrollo de la vegetación. La ciencia que se encarga del cultivo de los bosques ha estableciendo disciplinas para protegerlo y establece que por cada árbol que se corta se requiere la obligación de plantar cinco, ya que son irreparables y forman los bosques que protegen el aire que respiran los seres vivos

Los árboles que forman los bosques pertenecen a los recursos no renovables, a pesar que son la fuente de la economía para el desarrollo en la construcción de vivienda y ajuares, pero eso no implica que la zona donde están los bosques y los minerales, haya que explotarla aunque afecten a los seres vivos y a la vegetación de la región, porque hay otras zonas en el país que son acta para esa actividad que es muy importante para la subsistencia de los dominicanos

Esta es una de la causa principal por lo que no se pude explotar Loma Miranda con responsabilidad o sin ella, por los daños y perjuicios a la biosfera que protege su vegetación, y saber que las autoridades son responsable porque están apoyando la campaña de publicidad televisiva y radial, presentando imágenes y videos donde están forestando las ares explotadas en todo el país; y son responsables, porque se lo permiten y no dicen nada, no sabiendo que el dominicano que no es bobo, ni tampoco estúpido, se le revientan las entrañas de rabia y de impotencia porque están conscientes, y saben que la deforestación y la extracción de los minerales que están en el interior de la tierra no son renovables. Y las autoridades dejan que sigan con la extracción de los minerales en zonas vulnerables, a sabiendas de los daños que puedes causar al planeta tierra cuando se rompe la corteza terrestre, que está formada por una manta fina cubierta de rocas, o cuando rompen el nivel freático de los ríos para extraer la grava y la arena; esa capa freática es la que protege el agua que va llevando la corriente en las cavidades del subsuelo para alimentar el cauce de los ríos, que por medio de los minerales que hay en el subsuelo y la materia orgánica que hay en las capas superiores de la tierra, mantiene la presión de la corriente del agua igual que la presión atmosférica, como también para lograr la florescencia en el proceso de la fotosíntesis, y que la madre tierra pueda parir los frutos saludables con sabor natural no artificial.

Esta degradación causada por la actividad minera afecta el planeta tierra, porque obstruye el siclo hidráulico cuando se desactiva el campo magnético que protege el mineral que está en el núcleo de la tierra, y cuando rompen el nivel freático de los ríos, no hay una magnética para conservar la superficie del agua y no se sabe a dónde va a parar, siendo esta una de la causa principal que los ríos donde se realizan estas actividades estén secos y destruidos como el rio Camú en la región Cibao y a nivel nacional, y el daño esta, cuando rompen las capas que forman la tierra porque esos minerales y materias orgánicas que la forman, pierden su energía natural y no hay presión suficiente para que el nitrógeno y el carbono ejerzan su función con el oxígeno de la atmosfera, porque el campo magnético se ha desactivado e inmediatamente va perdiendo presión y temperatura y no se vuelve a renovar.(Las zonas donde se extraen los minerales, no vuelven a producir igual).

El tiempo me darás la razón, cuando no muy lejano se den los frutos de la destrucción en la población, por el uso de los materiales para construcción en madera o en concreto, porque no tienen la energía para mantener resistencia y seguridad en los techos construidos y los edificios. Las edificaciones de mucho antes de los daños causados al medioambiente, también tienen sus consecuencias porque están expuestos en cualquier momento a la presencia de grietas y derrumbes, porque la firmeza y seguridad del terreno por más profunda y materiales resistentes que se haya hecho la zapata, no hay seguridad, porque esos materiales y rocas que lo forman no tienen resistencia a causa de la desactivación del campo magnético que se encuentra en el núcleo de la tierra, envolviendo los minerales para protegerlo por medio de la capa viscosa que mantiene la firmeza y estabilidad para que la tierra no se mueva ni se derrumbe.

No podemos olvidar que la isla es una porción de tierra rodeada de agua, y que antes de las actividades mieras en el país, las edificaciones y construcciones tenían más seguridad y la agricultura más calidad. No estoy mintiendo, estoy diciendo la verdad como lo expresa Juan Palo duarte en su carta, afianzado en sus ideales logrados para tener su identidad y proteger la soberanía de su patria, que junto a hombres y mujeres derramaron su sangre para dejarle a los dominicanos una patria libre e independiente de toda ocupación. Por eso, la lucha para proteger Loma Miranda es un deber de todos los dominicanos, en especial de los veganos que somos los más afectados y estamos atados de pies y de las manos, porque las autoridades no deciden ni determinan nada, dándole larga al tiempo de un proceso electoral a otro, para que ellos sigan la extracción a escondida como lo están haciendo hasta ora, y cuando terminen de explotar toda la zona que ocupa Loma Miranda, porque aseguran que no se ha terminado el contrato, darse el lujo el gobernante de turno que se logró la lucha para declararla área protegida.

Como lo hicieron con la propuesta de la construcción de la presa de Guiguí, y con la construcción de los apartamentos del Ritito en el rio Camú en la Vega, no sabiendo que ambas son una bomba de tiempo, por la sencilla razón, que los terrenos de la loma de guaigui donde van a construir la presa no tienen firmeza ni seguridad fluvial, porque los materiales fueron desatibado en el interior de la tierra y no son renovables. La segunda razón consiste en que ellos están seguro que los edificios construidos en la playa del rio Camú en la vega, donde corría la mayor fluencia del agua no tiene peligro, porque la presión y la energía de los materiales que mantenía la firmeza y la estabilidad de la capa freática del rio, para mantener el agua en su cauce a desparecido con la mina de placer, como lo de guigui con la extracción de los minerales.

Por esta causa no encierran mayor seguridad porque la capa viscosa magnética que protege el núcleo de la tierra donde están los minerales, que controla el oxígeno de la atmósfera para que sea respirable y al mismo tiempo controla el dióxido de carbono y de nitrógeno que se encuentran en el interior de la tierra, para mantener la estabilidad y el equilibrio de la firmeza de la tierra, no está haciendo su función de protección porque esas energías no pueden renovarse. Y hasta los ciegos pueden notar los cambios ambientales, ecológicos y climáticos en los países y las zonas vulnerables donde se practica la actividad. La tragedia de Jimena en el 2004 me da la razón, con el desbordamiento del rio Soliette que provoco más de 500 muertes entre niños, hombres, mujeres y familia entera que desaparecieron, sin los daños a la población. Ellos nunca pensaron que después de tantas décadas de la condición fluvial por la zona montañosa de la frontera del sur entre Republica Dominicana y Haití, se pudiera producir una inundación tan grande de esa magnitud, con tan solo seis horas de lluvia que no lo ameritaba. Fue sorprendente cuando las aguas del soliette, impactaron a La 40 en Jimani el 24 de Mayo del 2004 a la 3 de la madrugada, provocando esa tragedia y el caso no fue por la cantidad de lluvia de seis horas, sino por la cantidad de agua emanada y la presión fluvial que sepulto La 40 con familias y emigrantes, también está el caso de Bono que me da la razón donde pereció un poblado entero, y no por la cantidad de lluvia precipitada, sino por la cantidad de agua emanada en la zona de río que no tienen las condiciones ambientales para esa magnitud.

La actividad minera y la desforestación irresponsable con el consumo de productos químicos, le está haciendo mucho daño a la madre tierra, porque afecta directamente el campo magnético que con la extracción de los minerales, queda suelto y no se vuelve a regenerar porque pertenece a los recurso no renovable, y de una manera microscópica con el rocío de la noche y el vapor de la acción de la lluvia liberan partícula de átomos que son respetables y al mismo tiempo intervienen en el proceso climático, generando la escasez de la lluvia y del agua subterránea, por eso no hay seguridad en los ríos que hoy están secos, comprobado con el caso de Jimani y de Bonao, que las autoridades competentes no pudieron determinar de dónde mano la cantidad del flujo de agua con tanta presión arrastrando y llevándose todo lo que encontraba, y el poco tiempo que duro la corriente para desaparecer, no se sabe a dónde se fue tan rápido y como se espumo, porque como emano se fue dejando impresionado a la población.

Por esta razón hay que tomar carta en él asunto, ya que las autoridades solo están protegiendo las playas turísticas en todo el país, no le importa proteger las playas de los ríos, ni limpiar cañadas y cantarillas en toda la geografía del país, mejor la están segando en carretera y asfaltado en el campo y en la ciudad, porque saben lo que han hecho con los ríos del país y dejan que la masa pobre construya su casa, casita y casulla en la orilla y playa de los ríos. Es evidente que décadas anteriores a los daños ocasionados por las empresas mineras en el país, esas estrategias de apoyar y dejar que los dominicanos construyeran en la cercanía de los ríos, estaba prohibida y sancionada por las autoridades competentes, porque esa parte territorial pertenece al estado como área pública.

Utilidades de los bosques

-Evitan la erosión de los suelos en las laderas montañosas y las sedimentaciones de los ríos.

-Es un factor del clima, que favorece el régimen de lluvia.

-Disminuye los efectos de la contaminación ambiental.

 -Aumentan el contenido de oxígeno en la atmósfera.

-Favorecen la coexistencia de varias especies y proporcionan una extensa gama de productos como son: frutos, corcho, resina, caucho, tanino, madera, carburantes, papel, té, otros.

-El reino animal encuentra sus nutrientes en los pastos

- Se extrae madera para la industria y la construcción.

-Se obtienen sustancias utilizadas en la elaboración de medicinas.

-Se extraen proteínas y grasas de nueces, dátiles, olivos, nogal, etc.

-Aportan la celulosa con la que se elabora el papel.

Los bosques son importantes para los seres vivos, y cubren aproximadamente el 25% de la superficie terrestre equivalente a 4000 millones de hectáreas.

La actividad forestal es una acción provocada por el hombre con la intención de utilizar el suelo para otra actividad comercial, sin importarle los daños que pueda causar a los ecosistemas, a la biodiversidad y a la fertilidad del suelo, y para protegerlo hay que evitar la desforestación y el uso de la minería aluvial aurífera ilegal. Cuando se realizan estas actividades y no se tiene una visión responsable y productora, se destruye el ecosistema y favorece la contaminación, de esta manera el suelo pierda sus nutrientes naturales y se convierte en una tierra infértil.

Estas son las causas que ameritan que las entidades de la provincia de La Vega se opongan, a que se le autorice a la empresa FALCONDO XSTRATA NICKEL el permiso de explotar 14 km2 del terreno que ocupa Loma Miranda que es un patrimonio nacional y natural de los hogareños.

La preocupación que invade en estos momentos, es porque esas empresas extranjeras que se encuentran en diferentes zonas del país, están insistiendo y quieren seguir con la explotación en diferentes regiones del país, y no vale que los pueblos se opongan, que se realicen protestas y enfrentamientos en cada región.

Y no es un secreto que el padre Rogelio donde quiera que se realiza una protesta en cualquier pueblo del país, sale a enfrentar a los responsables y voceros de esas empresas mineras, que son unos traidores comprados y apoyados por las autoridades, porque se venden por un acuerdo y con el trascurrir del tiempo realizan la actividad minera interna.

En cuarenta años de explotación minera, han dejado secuelas y daños irreparables para los dominicanos, sin beneficio en el desarrollo social, económico, cultural, forestal del país y en el campo de la salud y la agricultura.

No debemos volver a la ley del embudo, decía el profesor Juan Bosch en el exilio que son los pueblos que tienen voz, y en una nación donde la constitución no se respeta como dijo el Doctor Joaquín Balaguer, un mandatario dominicano *la constitución de mi país es sagrada, y hay que respetarla, y quieren hacer de la constitución un pedazo de papel para limpiarse…* Si analiza, este es el único país donde se reforma la Constitución buscando justificación para favorecer un sector en cada periodo electoral, y si nos vamos más lejos, es donde los poderes del estado y los sectores sociales públicos y privados en todas las áreas, están politizados para poder concentrar todas las fuerzas del poder en los sectores oligarcas.

El conflicto de Loma Miranda es de vida o de muerte, ya que la sociedad vegana no puede permitir el permiso a la empresa FALCONDO XSTRATA NIQUEL, hay que luchar contra la fuerza y la razón de esos déspotas, sin desmallar porque tienen el poder y pueden seguir la explotación si no se le pone resistencia.

No es un secreto para nadie que mientras la iglesia y otros sectores sociales y empresariales están luchando, los camiones siguen operando y no se tomaba una decisión. Esperamos de la sensibilidad del Congreso Nacional y del presidente de la República Dominicana Danilo Medina, para que tomen una decisión justa a favor de la paz y de la protección de la vida humana, animal y vegetal de la región del Cibao.

Importancia de los ríos

Una de las causas por la que tenemos que proteger Loma Miranda es por los ríos, porque ella encierra una mina de agua, y también por la hidrografía que es la parte de la geografía que se encarga del estudio de las aguas de la región. El sistema hidrográfico dominicano está formado por varios ríos, lagos, lagunas, el Mar Caribe y el Océano Atlántico, los ríos dominicanos son importantes porque orientan sus aguas a varias vertientes, que son los lugares donde los ríos desembocan.

Un río es una corriente de agua continua que desemboca en un lago, en el mar o en otro río, las principales vertientes que hay en nuestro país son: la del Océano Atlántico que recibe los ríos de la parte norte que son: Yaqué del Norte, Jimenoa, Bao, Yuna, Camú, Chacuey y Boba.

La del caribe que recoge los ríos del sur que son: Yaqué del sur, Haina, Ozama, Isabela, Nizao, Soco, Chabón, Iguano; de estos ríos el más importante es Yaqué del Sur, y el más largo es Yaqué del Norte, y el más afluente es Yuna, que es la fuente donde desembocan más ríos.

Una de las características más importantes de los ríos es el terreno por donde pasan, en el caso de las montañas los ríos descienden con más rapidez que cuando se acercan a la costa, porque descienden muy lentamente y van mezclan sus aguas con la del mar, y en el caso de las llanuras los ríos llevan más caudal que las montañas y descienden con menos rapidez.

La isla de Santo Domingo con relación a las islas que forman el archipiélago antillano, tiene la mayor cantidad de agua dulce, y posee los ríos que contienen fuentes de recursos naturales de vital importancia para la vida y subsistencia del hombre.

Uso del agua

El agua es un líquido formado por un volumen de oxígeno y dos de hidrógeno (H2O), es una sustancia incolora, sin olor ni sabor que se encuentra en la naturaleza en estado sólido líquido y gaseoso, ocupando las tres cuartas parte del planeta tierra, y teniendo la particularidad de tener en la molécula de agua una carga eléctrica neutra, y los electrones están más cerca del átomo de oxígeno que de los dos átomos de hidrógeno.

Este proceso de polaridad determina que el agua es un agente disolvente universal, porque es el medio donde ocurren todas las funciones vitales, y aparece como reactivo directo en las reacciones que ocurren en la materia viva y en la obtención de energía eléctrica. El hombre a su vez aprovecha el agua en dos tipos de uso, el uso consuntivo y uso no consuntivo, el uso consuntivo permite que las aguas que fluyen en Loma Miranda sean aptas para todo uso de consumo, y se utiliza para el consumo agrícola, el consumo industrial y el consumo doméstico, y en el uso no consuntivo están la producción de energía y la navegación.

La población

Es un grupo de personas o de seres vivos de la misma espíes que habitan en el mismo lugar, con finalidades comunes y necesidades que en ciertos aspectos y aspiraciones de la vida tienden hacer iguales, y les permite desarrollar las características que identifican el conglomerado de habitantes. El aumento de la población ha estado íntimamente vinculado al crecimiento económico del entorno, que la identifica con el crecimiento de la población y plantea un problema fundamental para la humanidad, que consiste en el derecho de tener que identificar y estudiar los recursos naturales que le pertenecen, para utilizarlos de la forma más racional y eficiente posible para el desarrollo de las industrias, la agricultura y el comercio sin afectar la vida de los seres vivos

El enfoque que se ha identificado y estudiado del suelo que protege Loma Miranda, se ha determinado que está ubicada en la base de la Cordillera Central al sur del valle del Cibao, donde fueron los primeros asentamientos de los españoles en la isla.

El Cibao era la zona principal de extracción de oro y en especial en la Villa de La Vega Real, donde se realizó por primera vez la actividad económica de la recolección de oro, obligando a los aborígenes a pagar mensual una cantidad de oro que le era imposible pagar, como es imposible para los pobladores que hoy forman región del Cibao, aceptar la propuesta de ninguna institución dominicana o extranjera de solicitar a los organismos ambientales que hoy tienen en sus manos los destinos de la República Dominicana, la explotación de Loma Miranda, porque estamos cansados de vernos en los espejitos de Bonao, Cotuí y otros daños ambientales en la región del Cibao donde se encuentran los valles y las llanuras más fértiles, así como también las montañas más extensas y elevadas del país y de las Antillas.

Loma Miranda amerita protección de todos los sectores y organizaciones nacionales e internacionales, ya que se encuentra en la vertiente hidrográfica más importante del Cibao, formada por el río Yuna, el cual nace en la Cordillera Central y desemboca en la Bahía de Samaná, está ubicada entre el río Yuna y el río Camú, lo que representa la mayor riqueza hídrica para la región.

También está protegida por montañas y bosques que son los que mantienen la estabilidad fluvial por los ríos más importantes que son: Jagüey con un cauce que abastece las comunidades del Pino, Cruce de Controba, Fula, Jumunucú.

Estos ríos representan un bosque de galería por el servicio al acueducto, la irrigación de la agricultura, la pecuaria y la hidroeléctrica, las montañas que la forman son: Guarey, Manaclita, Miranda, Llovedera y tienen una variedad de bosques que se dividen en; bosques de coníferas, bosques húmedos y bosques nublados, estas características son las que dicen ¡no a la explotación de la Loma Miranda! Por los daños irreparables a la población del Cibao Central de la Republica Dominicana.

El dominicano quiere preguntar; ¿Qué pasará si logran explotar Loma Miranda?, ¿Qué sucederá con estos recursos naturales? ¡No somos dueños de este patrimonio¡. Estamos haciendo lo correcto para protegerlo ¡oh, Dios! Que la virgen inmaculada nos proteja, porque los estudios realizados por la UASD en el intento de reforestar el país o más bien revegetar las áreas minadas duran más de cuarenta años, y ya no será igual porque pertenecen a los recursos no renovables, y la Falconbridge Dominicana ahora denominada XSTRATA NIQUEL, le es imposible reponer las áreas de plantaciones de bosques con los daños ambientales y ecológicos, y la desaparición del cauce de los ríos con la explotación minera a cielo abierto llamada placeres.

La UASD, la Academia de Ciencias, y cualquier organismo e institución ambiental nacional o internacional pueden realizar una evaluación y no van a tener resultados positivos por la población de seres vivos y el espacio territorial donde ellos solicitan la explotación de una porción de 14km² de los 20km² que tiene Loma Miranda. Tan solo el pensar que la ley minera de la República Dominicana, N° 64-00 pueda ser manipulada por algunos sectores populares, se convierte en una pesadilla horrible para la población dominicana, que vivió las experiencias y los resultados de la Rosario Dominicana en Pueblo Viejo, sin dejar el caso de la Sierra de Bahoruco y Pedernales que fueron daños cuantiosos a la producción económica, sin dejar un beneficio satisfactorio como recompensa mínima de los perjuicios dejados para la presente y futura generación. Tenemos el caso de Cotuí en el sector de Zambrana donde le ocuparon su terreno y no le pagaron un centavo, todo se quedó en una promesa, otro hizo el negocio y ellos se quedaron con las riquezas y nada ha pasado.

La contaminación del agua por las fosas y las enfermedades son los resultados de la explotación minera en Cotuí, esa es la suerte que le espera a la región del Cibao si no se unen a luchar para que no se explote Loma Miranda, porque se sabe lo que paso en el espacio territorial que ocupa la loma de Ortega, con la destrucción ecológica, por eso hay que abrir el ojo, para que Miranda no corra con la misma suerte y desaparezcan los ríos y los bosques que caracterizan la fertilidad del suelo.

La vida

La vida es el don que Dios nos regala de nacer, y desarrollar un conjunto de propiedades y características propias de los seres humanos, los animales y las plantas, que se desarrolla en el espacio de un tiempo entre el nacimiento y la muerte.

Para preservar la vida hay que aprender a cuidar el desarrollo de nuestro cuerpo, y de esta manera poder tener una vida sana y saludable. El ser humano vive en la naturaleza que es todo lo que le rodea y disfruta del paisaje natural que está formado por los elementos indispensables para el desarrollo de la vida que son: el relieve, la vegetación, los animales, las aguas y el suelo.

Los seres humanos no han intervenido en la creación de estos recursos naturales, sin embargo, la problemática del aumento de la población y el crecimiento económico plantea la necesidad de utilizar esos recursos naturales con ventajas o desventajas. Los recursos naturales que ocupa el territorio de Loma Miranda influyen directamente sobre sus habitantes que van a ser perjudicados con la extracción de los minerales, a causa de la contaminación del aire, el agua y el suelo, y al mismo tiempo pone en peligro la vegetación y el desarrollo económico de la región.

Los seres humanos están obligados a cuidar de la naturaleza porque le provee la base fundamental para su alimentación, protección y diversión, y al mismo tiempo tiene la obligación de utilizar los recursos naturales para la subsistencia diaria y para cubrir sus necesidades sociales y económicas; siempre y cuando no ponga en peligro la vida de los seres vivos, porque la vida humana está por encima de los recursos naturales, y es mucho más valiosa que el oro que guarda Loma Miranda en el subsuelo.

No quiero expresar estadísticas ni mediciones, ni gráficas territoriales ni mucho menos conflictos de ideologías sociales, quiero expresar el peligro, la destrucción que le espera a la futura generación de la región del Cibao si logran explotar Loma Miranda.

Hay que crear conciencia para luchar por las futuras generaciones y proteger la libertad ciudadana, ya que conocemos como está funcionando nuestra sociedad en pleno siglo XXI, es una sociedad que ha obtenido el poder y el control de todos los sectores sociales y políticos por medio de prebendas, acuerdos y alianzas.

Logrando persuadir todos los medios de comunicación, los sindicatos y las organizaciones, para gobernar sin oposición y tener una dinastía social al servicio de los dominicanos, donde se están perdiendo los valores y los ideales de Juan Pablo Duarte, por querer modernizar la simbología patria y sacar la historia patria del primer nivel en la educacion primaria, para no tener oposición ni resistencia, porque un país con una sociedad como esta, no tiene voz, ya que de nada vale protestar y denunciar las injusticias políticas y sociales, porque al fin y al cavo se salen con la suya.

El individuo tiene que reconocer que las relaciones del ser humano con la naturaleza no siempre es armoniosas, porque en muchos casos los seres humanos destruyen la naturaleza por el manejo inadecuado de los recursos naturales para crear el medio cultural, que consiste en la metodología donde el ser humano entra en contacto con la naturaleza, o la manera de utilizar los recursos naturales para ser modificados y adaptados a las necesidades de sus habitantes.

Escribió Juan Bosch en el exilio que son los pueblos que tienen voz, y en la República Dominicana con más de cuatro décadas en el ejercicio de explotación minera y tala de árboles, sin proteger los bosques en las zonas deforestadas en el país, se necesitarían ochenta años para lograr forestar y es imposible por los daños ocasionados a la litosfera que es la capa sólida de la tierra o corteza terrestre que está en contacto con la hidrósfera y la atmósfera, por eso hay que protegerla porque en ella se desarrolla la vida. En la geografía de Loma Miranda se observan unos compuestos de rocas formados por diversos minerales, de explotarlo, estos daños alteran seriamente el equilibrio de los ecosistemas y pone en peligro a muchas especies de animales y plantas.

En la actualidad nuestro planeta tierra está en peligro, por la contaminación atmosférica y los daños ocasionados por la explotación minera, ya que es muy importante porque ella controla el oxígeno en el aire y lo hace respirable para los seres vivos, es la capa gaseosa de la tierra que está formada por una mezcla de gases como nitrógeno, oxígeno, dióxido de carbono, ozono y otros gases que permiten la respiración y retienen parte de la energía solar y la energía que sostiene la vida en nuestro planeta.

Es un deber preservar los recursos naturales que posee Loma Miranda, porque la destrucción de los árboles trae grandes problemas, porque impiden la producción regular de la lluvia que es la precipitación más importante que existe para la humanidad, también se secan los ríos y desaparecen especies de animales porque no encuentran otro lugar poblado para vivir. Ya que el ser humano tiene derecho a la vida, a un techo, a la alimentación, a la educación, a la salud, a una familia que es el núcleo de la sociedad formada por el padre, la madre y los hijos, y donde nacen los valores y la formación del individuo.

El hombre tiene en sus manos el poder de modificar o cambiar el paisaje para adaptarlo a las necesidades de sus habitantes, y aquí está el conflicto de Loma Miranda, no hay un dominicano que sea de pura cepa como decía mi papá Manuel Solís, que no esté preocupado por el silencio de las autoridades competentes de tomar una decisión y declararla "área protegida" para bien de los dominicanos. Porque no se sabe en manos de quién están los destinos para terminar con la lucha y se acaben los conflictos y amenazas a los sectores que están luchando.

El temor se apodera de un pueblo que clama y no se escucha, viviendo la influencia de un sector que tiene en sus manos el poder y el contacto para transformar los recursos naturales, sin importarle las causas y consecuencias de la transformación, y de nada vale hacer oposición y reclamar los derechos para defender Loma Miranda. Reconociendo que esta lucha no es para oponerse ni resistirse al desarrollo cultural de la región, porque las primeras ciudades de la colonización se construyeron con la extracción del oro, después llegó la encomienda donde fueron engañados los indígenas, y en la actualidad tenemos el caso de Cotuí, Bonao y otras zonas que son explotadas, y la riqueza se la lleva el sector poderoso, y los pueblos quedan sumidos en la pobreza y la contaminación, no hay dedos para enumerar el desarrollo cultural y social de esos pueblos.

Los sectores valientes que están luchando están protegiendo la población, es necesario la unificación de lucha, el diálogo entre los sectores, realizar un consenso entre ambas partes interesadas, para que se tome en cuenta que hay que cuidar la geografía con sus montañas, ríos, playas, valles y el clima, que es el conjunto de todas las condiciones atmosféricas que caracterizan una región, como también la hidrosfera que es importante para el desarrollo de los seres vivos en la tierra.

Loma Miranda es una mina de agua, siendo esta la causa mayor de protección, por eso es imprescindible para la vida de la región del Cibao Central, por el poder que tiene de regular la temperatura con los elementos naturales que la rodean, como la hidrósfera que es la capa de agua que cubre las tres cuartas partes de la superficie de la tierra, y Loma Miranda forma parte del 2% que corresponde a las aguas dulces por el cauce y desembocadura de sus ríos.

El señor Obispo Antonio Camilo, Janio Concepción, el Padre Rogelio y el campamento de Loma Miranda entre otras personalidades, están ejerciendo oposición a la explotación de Loma Miranda, para proteger la vida de la región y de los dominicanos. Es necesario unificar fuerzas, perder el miedo, el temor, romper el hielo que no deja que se determine la causa y la razones por las cuales no se puede preservar.

Libertad

Desde el año 1844 la isla de Santo Domingo obtiene su libertad, con el esfuerzo y la lucha de un grupo de dominicanos que al frente de Juan Pablo Duarte sintieron vergüenza de no tener una patria (la humillación de Duarte en uno de sus viajes, que le dijeran que no tenía patria) desde entonces se inició la lucha de Los Trinitarios para liberarnos del yugo de los haitianos en el año 1844, el 27 de febrero que se proclama Nuestra Independencia Nacional, *"somos libres de toda potencia extranjera o se hunde la isla"* (si Duarte resucitara en estos momentos se moriría de vergüenza por….). Después de la Independencia se proclamó nuestra Constitución el 6 de noviembre de año 1844, la cual ha sufrido más de 100 transformaciones buscando justificaciones. La Constitución plantea deberes y derechos que todo ciudadano tiene que cumplir para tener libertad, en la Patria o Nación en la que nace.

No tener patria es no tener vida, y dejar que exploten Loma Miranda es perder la vida ecológica, como paso en Bonao y Falcondo no tienen nada que perder porque hace más de 40

años que allá se dejaron meter al medio y ahora quieren llevarse por la fuerza y la razón la riqueza que le pertenece a la región del Cibao, porque nunca se termina el contrato con el estado dominicano.

El estado dominicano estables derechos y deberes que el dominicano tienes que cumplir como son:

Los derechos
Derecho a la vida.
Dignidad humana.
Derecho a la igualdad.
Derecho a la libertad y seguridad personal.
Derecho a la integridad personal.
Derecho a la libertad de tránsito.
Derecho a la libertad de asociación.
Derecho a la libertad de reunión.
Derecho de expresión e información.

Los deberes son:
Respetar la Constitución.
Votar con libertad sin coerción.
Prestar servicios civiles y militares para la defensa de la patria.
Evitar actos que perjudiquen la soberanía del país y del ciudadano.
Pagar impuestos.
Dedicarse a un trabajo digno.
Educación obligatoria.
Cooperar en caso de situaciones catastróficas.
Cuidar los recursos naturales.
Cuidar el patrimonio público y defender la democracia para el bien de la nación.

Biografía de Juan Pablo Duarte

Juan Pablo Duarte y Diez, nació el 26 de enero de 1813 en Santo Domingo.

Era hijo de Juan José Duarte, español, y Manuela Díez, nacida en Santa Cruz de El Seibo. Tuvo seis hermanos: cuatro hembras y dos varones.

Duarte era católico y fue bautizado el 4 de febrero de 1813, Sus padrinos fueron Luis Méndez y Vicenta Cueva.

Aprendió a leer y escribir estando muy pequeño, y las primeras lecciones de educación formal las recibió primero con su madre y luego con una profesora de apellido Montilla, también estudió en una escuela primaria de varones y más tarde fue admitido en la escuela de don Manuel Aybar, donde completó sus conocimientos de lectura, escritura, gramática y aritmética elemental.

Entre 1826 y 1832 viajo a España vía Nueva York. Cuentan que durante el viaje hablaron mal de Santo Domingo y don Juan Pujol, capitán del barco a quien Duarte había sido encomendado, le preguntó que, si no le daba pena decir que era haitiano, a lo que Duarte, indignado, respondió: "yo soy dominicano". Tenía entonces de 14 a 15 años. De vuelta al país, aproximadamente para 1832, ya convertido en un hombre de amplios conocimientos. Pronto contó con la admiración y el respeto de sus contemporáneos, a muchos de los cuales instruyo gratuitamente.

En 1838 fundó la sociedad secreta La Trinitaria cuando apenas contaba con 25 años, el propósito de los Trinitarios quedó claro desde el primer momento, instaurar una república libre e independiente de toda potencia extranjera.

Duarte salió del país en 1843, cuando sus conspirativas fueron descubiertas por los haitianos.

Después de la proclamación de la Independencia el 27 de febrero de 1844, Duarte regresó al país en marzo de ese año.

Duarte fue expulsado por Santana el 10 de septiembre de 1844. Estuvo en Hamburgo, Alemania; posteriormente en Saint Thomas y, finalmente, en Venezuela, y en 1845 se unió a su madre y hermanos, quienes también habían sido expulsados del país.

De 1848 a 1860, según el diario de Rosa Duarte, hermana del patricio, del que se ha obtenido la mayor información, el Padre de la Patria anduvo errante en el interior de Venezuela.

Duarte reapareció en 1863 cuando retornó a Santo Domingo tras enterarse de que Santana y su grupo habían anexionado la nación a España en 1861.

En 1864, Duarte fue enviado por el Gobierno Restaurador como representante diplomático a España. Se dice que su presencia había despertado recelos entre algunos que le temían al prestigio de su figura y su liderazgo.

De nuevo exiliado en Caracas, Venezuela, Duarte murió el 15 de julio de 1876 a consecuencia de una tisis pulmonar (tuberculosis), según el parte médico.

Causa de la independencia de la República Dominicana

La República Dominicana nació arruinada y empobrecida por la ocupación de los haitianos en territorios dominicanos desde el año 1822, el gobierno Haitiano arruinó, empobreció el país, de tal forma que fuese necesario reunirse y organizarse clandestinamente para tomar la decisión de sacar de una manera o de la que fuera a los haitianos del territorio Dominicano.

La República Dominicana contaba con riquezas potenciales, pero carecía de crédito y de dinero porque eran manipulados sus recursos. Si te detienes un momento, y pones los dos pies en tierra firme y sondea la cantidad de riqueza y recursos naturales producto de las actividades económicas de la Región del Cibao, te preguntas:

¿Tiene o no dolientes la República Dominicana?

¿Quiénes son los que reciben los beneficios de los recursos naturales?

¿Quiénes se quedan con las reservas?

¿Quiénes se están apropiando de los recursos?

¿Qué está pasando con las montañas y los ríos del país?

¿Qué está haciendo Medio Ambiente con el brote de contaminación fluvial a nivel nacional?

¿Por qué toda la propaganda en contra de la protección de Loma

Miranda, no se esclarece?

¿A qué se le teme para medir la balanza justa y honesta a favor de la verdad?

¿Cuáles son las causas del silencio sepulcral que hay en el conflicto de Loma Miranda?

¿Cuántos años se necesitarían para reparar los daños ocasionados por las empresas mineras?

¿Tienen o no tienen derechos los dominicanos a exigir que se le protejan sus recursos naturales?

La economía de la isla desde la colonización ha estado manipulada, abusada, engañada y despojada por invasores que de una manera o de la otra, con razón o sin razón han querido obtener el poder y el control de la economía y de los recursos naturales.

Es necesario conocer algunas de las causas que provocaron el grito de independencia, para despertar en los dominicanos el coraje, el valor y la valentía, de los grandes héroes de la restauración, y tengan una visión clara y la decisión firme de hombres y mujeres que dieron la vida por una patria libre.

No le importó morir para dejarle a la futura generación un patrimonio libre de toda esclavitud. Los trinitarios y todos los dominicanos que se unieron a la lucha de la independencia tomaron conciencia de los abusos y las injusticias a que eran sometidos por parte de las autoridades haitianas, prefirieron morir para que los dominicanos fueran libres de toda potencia extranjera.

Los pobladores de La Vega desde su origen nunca han sentido miedo, son gente sana y muy buena, pero cuando hay que luchar o enfrentar una causa justa no le temen a nadie.

Tenemos el caso de la heroína Juana Saltitopa nacida en Jamo, La Vega y su tío Marco Trinidad que vivía en la parcela hoy perteneciente a los familiares de Pancho Núñez y la heroína vivía en una lometa que está en la Caimona próximo al pley . Algunos historiadores dicen que Juana Mercedes Trinidad Tapia no era su sobrina, era pariente, pero recuerdo que decía mi papá Manuel Solís que sus antepasados hacían la historia de la cercanía que unía la coronela de Marcos Trinidad.

Esta mujer junto a otros cibaeños luchó, enfrentaron las tropas haitianas, combatieron en la guerra de la Restauración. Es la hora de crear conciencia, de buscar una solución a esta problemática sin llegar a la violencia porque no se justifica las causas o razones que la empresa XSTRATA NIQUEL que ya no es FALCONDO, que tiene otra entidad, con otros administradores, deseosos de presas fáciles con sus falacias quiere engañar a la población para seguir la explotación minera.

El movimiento del Paño Verde que dirige el padre Rogelio, el campamento formado por hombres mujeres de pontón y el pino, junto a la iglesia y a todas las entidades y organismos regionales están protestando para que no se exploten esos recursos.

Ellos se están manifestando de una forma pasiva, y el estado dándole larga al asunto, la gente se está preguntando que va a pasar con Miranda con las mentiras y los engaños que ellos están publicando en los espacios pagados, en todos los periódicos y en los medios de comunicación.

El ambiente de miedo y terror de esos sectores que han querido implantar y transmitirle a la población por medio de amenazas verbales y de otras formas es inútil, es tiempo de mantener firme la lucha, La Vega siempre ha logrado los objetivos cuando son en bienestar para los demás, dice Guido Despradel Batista, que un grupo de mujeres veganas lograron conseguir que el dictador Leónidas Trujillo le diera la oportunidad del derecho al voto en las elecciones del 16 de mayo del año 1942, estas mujeres colaboraron en esta campaña enfrentando el régimen sin miedo, exigiendo sus derechos, como ciudadanas, entre esas mujeres talentosas tenemos: Carmen Lara Fernández, Carmita Landestoy e Isabel Mayer, entre otras.

Explotar Loma Miranda perjudica la región del Cibao y la población y sin saber la magnitud de las causas y consecuencias que puedan prevenir en perjuicio de la sociedad dominicana, ya que ambos sectores tienen sus intereses, pero hay que pensar en preservar la vida de los seres vivos.

Las causas que impulsaron al pueblo Dominicano a proclamar su independencia fueron exclusivamente de carácter económico, es lo mismo que está sucediendo hoy con la explotación de Loma Miranda, la primera invasión por Boyer, se origina en enero del año 1822, desde entonces los haitianos ocuparon el territorio dominicano hasta el año 1844 y no terminan las persecuciones porque los conflictos entre las hermanas repúblicas son de apasionamiento interno, económico y no se ve ni se le encuentra la puerta de la solución.

Algunos de los problemas histórico-económicos de la República Dominicana están causados por la preservación de los recursos naturales, y el adversario o los enemigos internos hay que conocerlo a fondo y de frente, sin miedo, como decía Manuel Solís, porque uno se muere una sola vez, nadie se muere dos veces, los dominicanos después de la independencia están conscientes que hay dos países en la isla de Santo Domingo, y que también hay emigrantes de todos los países, de Europa, de China, de Japón, de Alemania, de Israel, y de casi todos los continentes, pero la mayoría son de origen haitiano, que durante la ocupación en territorio dominicano arruinaron el comercio, la agricultura y la crianza, ya que su política forzó a muchas familias ricas y poderosas a la emigración.

Se incautaron los bienes de particulares a favor del Estado, despojaron a las iglesias de sus riquezas, dejaron caer en la ruina los edificios públicos y aprovecharon el despojo. También la economía se vio afectada por unos fenómenos atmosféricos y una epidemia viral, tal y como la presenta el ilustre historiador dominicano Guido Despradel Batista en sus obras.

Hay que conocer las causas que obligaron a los dominicanos a proclamar su independencia, porque desde agosto de 1822 se había aplicado a una población cuya cuarta parte era blanca, los artículos de la constitución haitiana concernientes a la propiedad inmobiliaria; estas restricciones fueron mantenidas y agravadas hasta el año 1843.

Se quiso hacer pagar la deuda de su independencia.

Maltrataron los representantes de las iglesias, y muchos conventos y muchas abadías habían sido despojados de su renta, a favor del Estado Haitiano.

Se intentó dividir en propiedades individuales los hatos, esas inmensas extensiones de tierras, poseídas en común desde mucho antes de la ocupación.

El corte de maderas preciosas, fuente importante de riquezas, había sido prohibido.

La confección de los billetes en circulación tenía el cuño de

Haití, todavía la moneda de cobre haitiana aun circulaba en el territorio un año y medio después de proclamada la república.

Un decreto del gobierno provisional, el 27 de septiembre del año 1843, cerró el comercio exterior en los puertos del este.

Después de la independencia Nacional; la situación era sumamente difícil para aquellos hombres que debían dirigir la economía del estado que la dejaron en bancarrota, las fuerzas haitianas entregaron a los patriotas dominicanos la fuerza y el arsenal de la tesorería de hacienda sin dinero, y los pocos capitales que existían estaban en su mayor parte en manos de extranjeros, que todavía se encuentra en vigencia en la nación.

El 23 de agosto del año 1845, comienza a circular la nueva moneda en el territorio de la República Dominicana y un mes después de la fecha de la publicación dejaron de circular la moneda de cobre haitiana.

El 6 de noviembre del año 1844 se proclamó la primera constitución política de la República Dominicana en San Cristóbal, y el 24 de septiembre se reúnen los diputados y confirman el Congreso Constituyente y preparan el proyecto de constitución que discutido por ese cuerpo superior soberano quedó sancionado en fecha de 6 de noviembre de 1844.

La primera constitución de la República Dominicana nació en medio de un juicio abierto por los constituyentes y fue estructura de esta manera:

Once títulos y uno adicional.

La forma de gobierno representativo y electivo Las garantías individuales de seguridad.

Los derechos que les corresponden a los ciudadanos.

La división de los poderes públicos y sus atribuciones.

La responsabilidad de los funcionarios del Estado.

Elegir el gobierno de la República.

Manejar la forma de las elecciones.

Elaborar las reglas generales para la administración de la hacienda pública.

La creación de las fuerzas armadas y de la milicia ciudadana.

La revisión de algunas disposiciones que tienen pacto de caracteres generales y transitorios.

Dada la necesidad de elegir un presidente de la república naciente, los constituyentes tomaron la potestad de legislar.

Hecha la elección salió electo presidente de la República Pedro Santana, quien recibió juramento el once de noviembre del año 1844.

Carta de Juan Pablo Duarte hoy (MFH)

Hoy más que nunca quiero preguntar a los dominicanos/as, que está pasando con la soberanía de una Patria libre de invasiones como sucediera en el país a inicio del 1822 después de una campaña partidaria abierta que hicieran los haitianos para la unificación de la isla; fue preciso el derrocamiento de Núñez de Cáceres porque él solamente perseguía asegurar los intereses suyos y de los grandes propietarios de la colonia. Dominicanos y dominicanas recuerden el objetivo logrado de Los Trinitarios para que puedan lograr los objetivos que persiguen por una causa justa.

Le diré como se realizó la ocupación a territorio dominicano por parte de los haitianos para que tengan una idea de lo que pueda suceder, todo comenzó en el año mil ochocientos veinte dos cuando el once de enero el General Boyer anuncia la invasión a la isla y el ocho de febrero las tropas haitianas entran por la parte sur de la isla ocupando Bani, en febrero el día ocho penetran masivamente las tropas haitianas a Santo Domingo logrando abolir la esclavitud, fue doloroso para mí las primeras medidas tomadas por Foyer:

Abolir la esclavitud, se apropiaron de los bienes de la Iglesia Católica las propiedades de los españoles que se encontraban ausentes, realizó la repartición de todos los terrenos entre los libertos, unificó la moneda y se abrieron las puertas del mercado mundial, obligando a los dominicanos a saldar la deuda de 150 millones de francos contraída con Francia para alcanzar el reconocimiento de la Independencia Haitiana, porque la economía haitiana en esos momentos estaba paralizada, fue aplicado el código civil francés, impuso el servicio militar obligatorio. Pero la política de imponer el idioma francés, fue la herida más profunda, porque con esta medida desaparecía para siempre la identidad dominicana. No deben tener miedo para continuar la lucha por el bien de la nación, las montañas son el pulmón de toda la región del Cibao, y no pueden permitir que los conspiradores destruyan el patrimonio de una Patria libre.

Después de las primeras medidas los haitianos alcanzaron mayor estabilidad política en el país, logrando el control de la nación por medio de normas, leyes y disposiciones a que fueron sometidos los dominicanos.

Nunca olvidare los movimientos conspirativos a favor de la adhesión a Haití en toda la línea fronteriza y el Cibao, lo que permitió la entrada de Jean Pierre Boyer a la isla de Santo Domingo en enero del año 1822, logrando centralizar todas las funciones del estado, y desarrollar un gobierno con una política dictatorial, de la cual hay que cuidarse en estos precisos momentos para que no se repita la historia de la unificación del estado haitiano, de la cual no tuve otra opción que recurrir al movimiento de los trinitarios, formar la sociedad secreta y aliarnos a los revolucionarios haitianos contra Boyer por las disposiciones legales a las que fueron sometido los dominicanos después de la ocupación que son: suspensión del pago de sueldo al clero, orden de reclutamiento en el ejercicio a todos los jóvenes de 16 a 25 años, cierre de las universidades, una ley para confiscar los derechos de propiedad y bienes del Estado y la Iglesia, limitaron las celebraciones tradicionales religiosa en la isla, emiten el papel moneda sin respaldo, en el 1830 cierran las galleras, y solicitan préstamos para pagar la deuda.

Estas fueron las causas que me impulsaron a luchar por la Independencia Nacional, y el 16 de julio del 1838 se fundó el movimiento de Los Trinitarios. Quiero felicitar de una manera fraternal a todos los integrantes del movimiento Paño Verde, a todos los integrantes del campamento de loma miranda, a todos los regionales que se unieron al campamento días y noches para enfrentar a las autoridades. Como también quiero manifestar el dolor que siento de los dominicanos traidores, que abrieron una herida en lo más profundo de mi corazón brotando dos lágrimas que me cubrieron el rostro de vergüenza. Donde está la patria libre que nos liberó de la esclavitud del yugo de los haitianos, es que no entienden que la ocupación haitiana fue producto de los deseos de los sectores políticos predominante Haití.

Qué esperan para combatir la corrupción administrativa política y social que está sepultando la Independencia y la soberanía de la nación, no fue una ocupación colonialista, fue un enfrentamiento lo que se llevó a cabo entre dominicanos y haitianos que tenían diferencias culturales, políticas y jurídicas.

De esta manera comparamos los dos perímetros, porque no existía en la isla un sistema organizado de una nación sobre otra, por lo que hay que tomar carta en el asunto para no perder el derecho a la libertad constitucional, reconociendo que Haití obtuvo su independencia primero que nosotros.

Siempre concebí que nuestro país debía estar gobernado de forma tal, que todos los ciudadanos participaran en las decisiones que se tomaran para defender los ideales de una patria libre de toda potencia extranjera, no volver hacer esclava nunca jamás, porque el emblema de Dios, Patria y Libertad, quedaron sellados en los corazones de las generaciones nacientes por los siglos de los siglos.

Se están perdiendo los valores, el único objetivo del movimiento de Los Trinitarios era sacar a los haitianos de nuestro país y fundar el Estado Dominicano. Los fundadores fueron nueve, y cada uno era responsable de conquistar dos o más, de esta manera estaban organizados de tres en tres. Los nueves miembros fundadores fueron: Juan Pablo Duarte, Juan Isidro Pérez, Pedro Alejandrino Pina, Jacinto De La Concha, Feliz María Ruiz, José María Serra, Benito González, Felipe Alfau y Juan Nepomuceno Ravelo. Más tarde se integraron a este movimiento otros jóvenes que se unieron a la lucha de la Independencia. Yo espero que todos los jóvenes de esta generación, se integren al movimiento del Paño Verde que diré el padre Rogelio, para salir airoso y victorioso de enfrentar a los traidores de la Independencia Nacional.

La verdad

Hablar de la verdad, es un tema que referido al despotismo que impera en la sociedad dominicana en estos momentos, da angustia y molestia trascender a la sublimidad de la esencia que encierra el contenido de la verdad. Como dijo Jesucristo a sus discípulos: "conoceréis la verdad, y la verdad os hará libres" (Juan 8, 32). No hay un dominicano en el país que no haya nacido libre, sin el conflicto de la legalización de los haitianos, todos encontraron una Patria libre de toda potencia extranjera, también encontraron artículos constitucionales donde se respeta el derecho a la expresión y a la vida.

Dijo Juan Pablo Duarte en su carta: "Yo entendía que el gobierno más cercano a la población eran los ayuntamientos donde los ciudadanos sin ideología política ni credo debían participar activamente, libre de toda coacción que pueda poner en peligro la soberanía nacional".

La verdad es la existencia misma de lo que sucede, de lo que ves, lo que palpas, lo que sientes y penetra en tu interior, llevándote al terreno de la insatisfacción o satisfacción de los hechos que ocurren en el medioambiente donde te desenvuelves ¡cuántas injusticias en esta sociedad!, ¡cuántos abusos! Decía mi papá que el pez grande se come al pequeño, ¿dónde está la verdad? No se trata de un desacuerdo con la ciencia, la tecnología, el desarrollo cultural y social de los avances científicos y el liberalismo nacional, pero la verdad es la verdad y debe ser dicha.

Si Juan Pablo Duarte no hubiera aceptado la verdad de lo que le dijera don Juan Pujol, y él, reconoce que todas las medidas que habían implantado las autoridades haitianas en territorio dominicano en el año 1822, lo identificaban como haitiano, no lucha por la Independencia Nacional.

Si los habitantes de todas las provincias que pertenecen a la República Dominicana no se unifican para defender la verdad, aunque le duela a los demás, para impedir que sigan explotando los yacimientos de todo el país, dentro de 10 años habrá que emigrar, luego desaparecerá la flora y la fauna que representan las especies de la isla de Santo Domingo.

Todos los gases dispersos por la atmósfera a causa de la explotación minera traen como consecuencia: la contaminación del aire, esterilizan el suelos, afectando la producción agrícola y la madre tierra no tendrá fuerza para brotar los frutos, porque le arrancaron del vientre, los minerales donde se forman las sustancias alimenticias.

Dentro de pocos años las pequeñas partículas de átomos microscópicas de silicio, aluminio y magnesio, que se encuentran libres por la extracción del níquel y el hierro del interior de la tierra, serán respirables ya que desaparece la capa que proteger el campo magnético, que se encuentra en el interior de la tierra impidiendo que los gases que forman la atmósfera, bajen a la tierra respirables, este proceso es el que permite que se haga posible el desarrollo de la vida en la litosfera protegiendo la capa de ozono. Una de las verdades absolutas es la de los seres vivos que nacen, crecen, se reproducen y mueren, estos son las plantas, los animales y los humanos.

Otra verdad que se puede visualizar es la cruda realidad en el poblado de Zambrana (de Cotuí) y en todas las zonas aledañas: Bonao, La Vega, El Ranchito, como zona arrocera, Pueblo Viejo y Jarabacoa entre otros.

El desequilibrio en la producción agrícola por los daños ocasionados al río Camú, la loma de Guaigüí, La Peguera y Ortega, denuncian la verdad de los daños y la consecuencia de la explotación minera en el país, un pequeño ejemplo son las frutas cítricas, las cuales se encuentran en peligro de extinción y la que aparecen están secas y sin sustancia como el limón. No fue aceptada la opinión del representante de la asociación de Sabana del Puerto, quien dijo que FALCONDO ha dado muestra de interés por la protección del medio ambiente, ya que en los últimos diez años esa empresa ha reforestado más de diez mil tareas en las zonas explotadas. Queriendo engañar a los dominicanos cuando esos recursos no son renovables (La VegaNews, segunda semana de marzo del 2014, pág. 12).

La verdad es que esos gases que se encuentran desactivados en el interior de la tierra con la presencia del rocío de la noche, la precipitación de la lluvia o cuando el agua contenida en la superficie de la tierra se caliente con la energía solar, y se evapora para realzar el ciclo del agua, afecta directamente a la agricultura y a la población. Cuando esos gases impacten o choquen con los gases contenidos en la atmósfera que hacen posible el desarrollo de la vida y que el aire sea respirable, ¿Qué puede suceder? Porque esto conllevaría a la destrucción ambiental, si logran explotan la única célula viviente del Cibao Loma Miranda.

CONSECUENCIAS NEGATIVAS

La explotación de Loma Ortega en La Vega hace más de 20 años provocó daños ambientales que todavía están presentes en la destrucción forestal agrícola y la ola de calor. Todo el que vivió y conoció la localidad del Pinito, Pontón, las siete S, veinte años atrás da testimonio de la realidad.

La persuasión por la compra de terrenos para continuar las actividades mineras, la visita a La Peguera y Guaigüí para conocer los valores que ellas poseen, animales que están en vía de extinción y la disminución de la producción agrícola y el aumento de la ola de calor que se registra en las comunidades de: Licey, Hoya Grande, Las Yayas, Jamo, Barranca, Bacuí, La Jardeta entre otras zonas aledañas por la depredación del río Camú.

Las consecuencias negativas que podría provocar la explotación de Loma Miranda para la salud son: infecciones gástricas, problemas respiratorios, intestinales, renales, entre otros.

Según mahatma Gandhi "La verdad es el fin y el amor es el camino"

Algunas supuestas razones de sectores que apoyan la explotación de Loma Miranda

Estas son las razones por la cual los representantes de los diferentes sectores se manifiestan de acuerdo con las operaciones que pretende realizar la empresa minera FALCONDO.

Estos afirman que es la única manera de garantizar empleo y un avance económico para los moradores.

Aseguran que la explotación no presenta impacto negativo para el medio ambiente, al contrario, resulta de muchos beneficios para el desarrollo de todas las comunidades.

También plantearon que los opositores al proyecto se expresan de esa manera porque no conocen la zona ni el proyecto, porque seguir el proyecto beneficiaría el desarrollo del progreso de todos los pobladores.

Que los opositores están errados porque en Miranda solo existen cinco pequeños arroyos, los cuales son recaudadores de agua solo en tiempo de lluvia, y solo Jagüey es el que permanece con agua.

Aseguran que de 20 mil tareas solo 7 mil serán tocadas con el proyecto.

Plantean además que los beneficios que generaría esta explotación traerían progreso a la sociedad y disminuiría considerablemente el auge creciente de la delincuencia.

Que un porcentaje de los beneficios se les daría a los ayuntamientos para el desarrollo de la ciudadanía.

Que de no llevar a cabo esta operación el futuro de la sociedad será difícil, ya que los jóvenes tienen pocas oportunidades y no se le puede quitar la única esperanza de empleo.

Importancia de la Ley No. 64-00

La ley general sobre Medio Ambiente y recursos Naturales, fue creada para proteger los recursos naturales, mantener la armonía entre el ser humano y su medio ambiente que forman un conjunto de bienes comunes para la convivencia social.

Es responsabilidad del estado y sus instituciones junto a los gobiernos municipales y de cada ciudadano cuidar de que esos recursos naturales no se agoten, se deterioren o degraden, para que puedan ser aprovechados racionalmente en las generaciones presentes y futuras.

El 18 de agosto del año 2000 por mandato de la Ley 64-00 se crea la Secretaría de Estado de Medio Ambiente y Recursos Naturales, en Enero del año 2021 adopta el nombre actual de Ministerio.

Es preocupante, por lo que está pasando en estos momentos en nuestro país con la ley de medio ambiente, se están violando sus disposiciones, se están burlando de los dominicanos, esta ley fue creada para la prevención, regulación y el control de cualquiera de las causas o actividades que causen deterioro al medio ambiente, contaminación de los ecosistemas, la degradación, alteración, destrucción del patrimonio natural y cultural. Velar para que los recursos mineros se realicen sin causar daños irreparables al medio ambiente y a la salud humana, así como garantizar la restauración del territorio ecológico y la compensación por daños ecológicos causados por la actividad minera.

Entendiendo que el objetivo principal de esta ley consiste en que todos y cada uno de los ciudadanos están obligados a cumplir y hacer y cumplir esta ley, cuidando el medio ambiente.

Son muchas las actividades de protestas, los proyectos sometidos al Congreso Nacional. Entre los cuales están: el proyecto aprobado por la Cámara de Diputados, más una comisión especial del Senado que estudiaba el proyecto, y presentó su informe donde se declaraba parque nacional. Y aluden que el señor presidente, Danilo Medina, también dijo que el caso está cerrado. Loma Miranda siguen los conflictos, no se toma una decisión de acabar con este desastre.

Quiero recordarle, que esta ley establece y específica su reglamento para evitar cualquier impacto negativo, que dichas actividades puedan producir en el medio ambiente y la salud humana. Propiciar un medio ambiente sano que contribuya al sostenimiento de la salud y preservación de las enfermedades.

Establecer los medios, formas y oportunidades para la conservación y uso sostenible de los recursos naturales, reconociendo su valor real, que incluye los servicios ambientales que estos brindan dentro de una planificación nacional fundamentada en desarrollo sostenible, con equidad y justicia social.

Fortalecer el sistema nacional de áreas protegidas para garantizar la diversidad biológica y paisajística.

Impulsar e incentivar acciones que tiendan al desarrollo y cumplimiento de la presente ley.

A la llegada de los españoles a la isla de Santo Domingo, el oro se encontraba a flor de la superficie terrestre, el hierro y el níquel en el interior de la tierra. La tierra, por su parte, inicia con un núcleo de hierro y materiales radiactivos como el uranio y el plutonio, los cuales liberan energía en forma de calor. El hierro y el níquel se encuentran en el núcleo de la tierra, que es la parte más interna que se extiende desde los 2,900 kilómetros de profundidad hasta los 6,370 kilómetros que limita el radio de la tierra. Protegido por el manto terrestre que es una capa que se encuentra entre la corteza terrestre y el manto.

El Níquel, que es el autor de esta odisea, se encuentra en el núcleo de la tierra, protegido por el manto terrestre, el manto está constituido por minerales como cilicio, aluminio, magnesio y potasio. Estos minerales se encuentran en estado sólido, distinguiéndose de las partes más externas de las rocas que se encuentran fundidas por las altas temperaturas y la presión que posee.

Por su parte, el núcleo que es la capa más interna de la tierra se encuentra formado por materiales pesados, que muchas veces se encuentran en forma de cristales, por la compenetración entre los minerales del manto y las rocas que forman el núcleo, estos se apoyan o flotan sobre un material viscoso a altas temperaturas a una profundidad de más de 3000 km. Produciendo un campo magnético, lo que permite que el hierro y el níquel que se encuentran en el interior de la tierra se comporten como un imán que es la atracción que tiene la tierra de atraer los cuerpos a su centro.

Este campo magnético controla la estabilidad del hierro y del níquel para que los gases que forman la atmósfera, como el nitrógeno, oxígeno, dióxido de carbono, gases notables, entre otros, bajen a la litosfera, realizando una función vital en la corteza continental y en la oceánica para los seres vivos.

Por tal razón, movilizar el hierro y el níquel conllevaría a graves consecuencias para toda la región del Cibao, ya que tenemos la experiencia de los daños ambientales producto de más de 45 años de la actividad minera en el país.

Estos minerales no pueden ser extraídos de su centro, porque

juegan un papel muy importante en el planeta tierra, como son:
-Controlan los gases de la atmósfera.

-Permiten que para los seres vivos el oxígeno del aire sea respirable.

-Intervienen en el proceso de la fotosíntesis para la elaboración de los alimentos en las plantas.

-Permiten el desarrollo de la florescencia de las frutas y de los vegetales.

-Liberan la contaminación del ambiente por medio de las plantas.

-Intervienen en el ciclo del agua, permitiendo las precipitaciones atmosféricas.

Consecuencias que conllevaría la explotación de Loma Miranda:

-Afectan la gravedad del planeta.

-Producen la contaminación ambiental.

-La exterminación de las especies en la región.

-Inestabilidad de las temperaturas con el aumento del calor.

-Afecta el desarrollo de la flora y la fauna.

-Afecta todas las actividades económicas de la región del Cibao.

-Contaminación y desaparición de los ríos.

-Brote de enfermedades infecciosas, bacterias, virus.

-Intoxicación y muerte.

- Afecta la presa de Rincón y perjudica a todas las comunidades y pueblos de la zona como son: Ranchito, Sabana Rey, Cenobio, San Francisco de Macorís, etc. Que se abasten de agua.

-También Perjudica toda la zona desde La Vega hasta Santiago Importancia y beneficios que proporcionan las áreas protegidas Las áreas protegidas son para garantizar un ambiente adecuado de los recursos naturales, donde se respetan los límites hidrográficos, hidrológicos, y paisajísticos que comprendan todas las áreas existentes para beneficio y recreación de las presentes y futuras generaciones.

Se han presentado todos los reglamentos y normas que establece la Constitución Dominicana en el Ministerio de Medio Ambiente y Recursos Naturales, sin recibir una respuesta satisfactoria, todo se está quedando en una promesa.

Es incuestionable que en pleno siglo XXI, con todos los avances alcanzados por la tecnología y la ciencia, estemos viviendo en la época de los espejitos y los cascabeles. Hay que preguntarse quiénes fueron los actores materiales, que se encargaron de exterminar la población indígena en la isla de Santo Domingo a causa de la explotación minera. Donde están los autores materiales e intelectuales de haber explotado y destruidos los recursos naturales de las lomas de Guaco, La 7s, Bayacanes, Guaigüí y el Camú.

Es cuestionable porque la empresa Falcondo está publicado en programa de televisión, que está forestando y los benéficos que les deja a la región de la vega, cuando todos sabemos que eso es mentira, que esos anuncios están pagado por la empresa minera Falcondo.

Y saber que la empresa y la sociedad, no están reclamando, ni están realizando actividades de protestas para salvar esas lomas que no tienen riquezas ni dinero, sin esperanzas de reparar los daños naturales y ambientales a los recursos naturales no renovables.

Ellos están preocupados por el medio ambiente y el progreso de La Vega, con el fin de convertir a Loma Miranda en la misma destrucción de esas lomas, donde hoy no aparece un culpable y todo está perdido, explotar Loma Miranda es la destrucción total y parcial de todas las poblaciones que forman la región del Cibao.

La Ley No. 64-00 establece algunas condiciones para la protección de las áreas protegidas, como son:

-Preservar los ecosistemas naturales representativos de las diversas regiones biogeográficas y ecológicas de la zona.

-Proteger cuencas hidrográficas, ciclo hidrológico, zonas acuíferas, comunidad biótica y abiótica, recursos genéticos particulares y la diversidad genética de los ecosistemas naturales y sus elementos.

-Favorecer el desarrollo de ecos técnicos y, el aprovechamiento racional de los ecosistemas naturales.

-Proteger el escenario y los paisajes naturales.

-Promover las actividades recreativas y turísticas.

-Favorecer la educación ambiental.

-Facilitar la investigación científica y el estudio de los ecosistemas.

-Proteger los entornos naturales y su belleza.

Estoy consciente de que el sistema nacional de áreas protegidas de la República Dominicana, hasta que no sea promulgada una ley sectorial en favor del proyecto sometido al Congreso Nacional, no será posible declarar a Loma Miranda como parque nacional.

CANCIONERO

Que se vayan

Falcondo hoy Xstrata Níquel
Destruyen nuestra región
Queremos que se vayan
Por el bien de la región (bis).
No haga caso al qué dirán
Ven conmigo a luchar (bis)
Que con su bla bla bla, nos quieren engañar
Que con su bla bla bla, nos quieren engañar.

Coro

De que se van se van, se van y no volverán
Que preparen sus maletas que del país se van
Aquí no los queremos, nos han hecho tanto mal (bis)

No tema perder la vida
Tú como quiera te vas (bis)
Duarte, Sánchez y Mella
Nos dieron la libertad (bis)
Si la pierde en esta lucha
En el cielo la tendrás (bis)
No haga caso al qué dirán
Ven conmigo a luchar (bis)
Que con su bla bla bla te quieren engañar
Que con su bla bla bla nos quieren traicionar.

Los barbarazos

Se está muriendo el Camú
Y la sociedad vegana.
Lo que están en el control nos van a dejar sin agua (Bis)

Coro

Eso barbarazos, nos van a dejar sin agua
Eso barbarazos, nos van a dejar sin agua
No van a dejar sin agua esos barbarazos
No van a dejar sin agua esos barbarazos

No sé lo que están haciendo
En suelo dominicano (bis)
Que las montañas y ríos
Están desaparecidos (bis)
Salvar la vegetación, las montañas
Y los ríos es parte de la nación
Luchar por el desafío,
Es parte de la nación
Luchar por el desafío.
La gente está preguntando qué pasará con Miranda (bis)
Porque no se hace justicia por lo que aquí está pasando (bis)

Los Habladores

Yo estoy cantando por no llorar
Como está la cosa algo va a pasar,
Como está la cosa algo va a pasar
Ay qué será de mi país
Los habladores acaban de morir.
Acaban de morir los habladores
Y no hay quien hable en mi país

Coro

Lo leí, lo leí, loleo lola y no hay quien hable en mi país

Esos sectores que están luchando
La fuerza interna lo está callando,
Si no unen a luchar
Hay no se sabe que irá a pasar.
Coro   Lo leí, lo leí, loleo lola y no hay quien hable en mi país
Las emisoras no tienen voz,
Carretera muestra dijo Juan Bosch (bis)
Escribió Juan Bosch en el exilio
Que son los pueblos que tienen
Ay qué será de mi país
Los habladores acaban de morir
Acaban de morir los habladores
Y no hay quien hable en mi país
Lo leí, lo leí loleo lola y no hay quien hable en mi país

El Camú

El crimen organizado del río Camú,
Se inicia en la cabeza y termina en la región.
Las autoridades no sé qué van a hacer
No se puede hablar, no se puede comentar, Si tú lo denuncias, te quieren matar.
Si llamas a Candelier y le preguntas como está,
Te dice me da pena esta sociedad,
Es una muerte lenta, un crimen organizado
Cuando sale a luz ya todo está dañado,
No sé qué va a pasar con el río Camú,
Yo no me callo, cállate tú.
La iglesia está indignada, le burlan la cabeza,
No son máquinas mecánicas, que destruyen el Camú,
Son máquinas humanas las que están ahí,
Aquí y en el extranjero estamos indignados, Porque en dominicana están callados.
Para que sepan que lo que pasa en dominicana
Tienen la cara dura en pleno siglo XXI,
Controlan los poderes callan las emisoras,
Destruyen el Camú a todas horas,
Ya no tiene rivera, tampoco praderas, Si tú no hablas, hablarán las piedras.

Te necesito

Miranda, Miranda, quiero decirte lo importante
Sin ti la vida no puede existir (bis)
En el silencio quisiera yo decir a
Esos señores que abusan de ti,
Decirle que se mueren los seres vivos y la vegetación,
Solo queda el vacío de la destrucción (bis),
La impotencia se apodera de mí ser, esos señores no quieren entender
Que Miranda no se toca,
Es la madre de la vegetación,
Sin ella no hay vida en la población (bis)
Miranda, Miranda, quiero decirte
Lo importante, sin ti la vida no puede existir (bis)
No es la belleza lo que quieren de ti,
Es la riqueza que tú guardas para mí
Y su suelo no se toca, él protege nuestra vegetación,
Sin él no hay vida en la población
La impotencia se apodera de mí ser,
Esos señores no quieren entender
Que Miranda no se toca,
Es la madre de la vegetación, sin ella no hay vida en la población (bis).

Miranda

Si explotan Miranda
Quien aguantara el calor
Si explotan Loma Miranda
Quien aguantara el calor
Se mueren los animales y viven las alimañas
Se mueren los animales y viven las alimañas
Miranda no tiene precio, Miranda es de mi país (bis)
Miranda no se negocia se lo decimos así
Miranda no tiene precio se lo decimos aquí
A esos explotadores no los queremos aquí
Queremos que se vallan bien lejos de este país
Queremos que se vallan bien lejos de este país

Coro

Que no se puede vivir sin ríos, ni sus montañas (bis)
Que lo sepan los generales, también las autoridades
Que lo sepan los generales, también las autoridades
Que ni se puede vivir sin ríos, ni manantiales
Que lo sepan los generales también las autoridades
Hay que continuar la lucha por el bien de la nación (bis)
Las montañas son el pulmón de toda la región (bis)
Si explotan Loma Miranda quien aguantará el calor (bis)
Se mueren los seres vivos y viven las alimañas (bis)

Coro

Que no se puede vivir sin ríos ni manantiales.

Otra canción

*La Vega está esperando el decreto presidencial, declaren a Miranda
parque nacional (bis x2).
Miranda es mi casa, mi cuna, mi hogar,
Yo quiero vivir mi vida con intimidad (bis x2)
San Francisco de Macorís, Nagua y Samaná
Esperando que la declaren parque nacional (bis x2)*

Coro

*Miranda será parque nacional estamos esperando el decreto presidencial
U A parque nacional (bis X2)
La Vega está esperando el decreto presidencial,
Declaren miranda parque nacional (bis x2).
En Moca y en Santiago también la capital,
Están esperando el decreto presidencial,
Declaren a Miranda parque nacional.*

Página en YouTube: Ladamadelacancion.
Temas: Los Balbarazos y Miranda.

Teléfono: 829 686 5730

Referencias:

1) Biología 3° Educación Media (Bajo la dirección Editorial de Obdulio García de Escobar Dominicana)

2) Diccionario supremo (Siglo XXI)

3) Discurso Marcha Caravana Diocesana Loma Miranda Parque Nacional (Yanio Concepción).

4) Enciclopedia Ilustrada de la dominicana Tomo #8 (Educa progreso)

5) Enciclopedia Manual (Temática Ilustrada)

6) Geografía e Historia de América y de los pueblos del Caribe (Juan Colón)

7) Geologiaweb. Placas tectónicas: causas y consecuencia.

8) Guido Despradel Batista (Historiador) Tomo I

9) Historia del Pueblo Dominicano 5 edición (Franklin Franco Pichardo)

10) Historia de Las civilizaciones y Geografía Mundial (Juan Colón)

11) Historia Social y económica de la República Dominicana Tomo 1 (Adaptación)

12) Historia y geografía dominicana de hoy (autores: Ricardo Hernández, Alejandro Hernández Grullón. Pp. 171-172 ciencias sociales-Nivel Medio.

13) La Sagrada Escritura (La Biblia de Jerusalén)

14) Ley General 64-00 sobre Medio Ambiente y Recursos Naturales

15) Loma Miranda un bien patrimonial, que amerita protección (Universidad Autónoma de Santo Domingo (Comisión Ambiental)

www.ingramcontent.com/pod-product-compliance
Lightning Source LLC
Chambersburg PA
CBHW031312250726
48656CB00005B/1766